Le don de vieillir

PIERRE VAN BREEMEN

Le don de vieillir

Les impulsions de saint Ignace

Traduit de l'allemand par Louis Bouchard et Marie-Elisabeth Morf

BELLARMIN

Les textes bibliques sont tirés de *La Bible en français
courant* © Société biblique française, Paris, 1998.
Avec l'autorisation de la Société biblique canadienne.

Traduit de l'allemand par : Louis Bouchard et Marie-Elisabeth Morf
Révision linguistique : Claire Martin
Conception graphique : Gianni Caccia
Catalogage avant publication de Bibliothèque et Archives Canada
Breemen, Piet van
Le don de vieillir
Traduction de : Alt werden als geistlicher Weg. Ignatianische Impulse

ISBN 2-89007-965-1

1. Personnes âgées chrétiennes - Vie religieuse. 2. Vieillissement - Aspect religieux - Christianisme. I. Titre.
BV4580.B7314 2006   248.8'5   C2005-942453-2
Dépôt légal : 1ᵉʳ trimestre 2006
Bibliothèque et Archives nationales du Québec

© Piet G. van Breemen, s.j.
© Éditions Bellarmin, 2006, pour la traduction française

Les Éditions Bellarmin remercient de leur soutien financier le ministère du Patrimoine canadien,
le Conseil des Arts du Canada et la Société de développement des entreprises culturelles du Québec (SODEC).
Les Éditions Bellarmin bénéficient du Programme de crédit d'impôt pour l'édition de livres
du Gouvernement du Québec, géré par la SODEC.

IMPRIMÉ AU CANADA EN MARS 2006

Préface de l'édition française

Une heureuse citation donne tout de suite l'esprit des pages qui suivent :

À chaque appel de la vie,
le cœur doit savoir dire adieu et tout recommencer
pour constituer des liens nouveaux, différents,
s'y engager avec bravoure et sans regret.
Chaque début recèle une magie cachée
qui vient nous protéger, nous aide à vivre après.

La vie est faite d'étapes. L'une promet d'être assez définitive : la vieillesse… À moins que, selon les mots d'un expert des Nations unies Dag Hammarskjöld, la vie d'elle-même invite à un voyage intérieur, « notre plus long voyage ».

Savoir vieillir signifie que l'on apprend l'attente, la dépendance, mais selon l'auteur spiritualiste et jésuite de cet opuscule, que l'acceptation globale du voyage de la vie soit lucide, altruiste, faite de silence, de gratitude, d'humour à l'occasion, de pardons à long terme, mais avant tout du don de soi.

Jung a raison : « On ne transforme que ce que l'on accepte. » Tout concourt au bien de ceux qui aiment… « Tout est grâce », disait Thérèse de l'Enfant-Jésus, nouvelle docteure de l'Église.

La mort ? Mais… elle fait partie de la vie.

Benoît Lacroix

Préface

ieillir est un don. C'est aussi, sans aucun doute, une responsabilité, une tâche recouvrant de nombreux aspects. Pour aborder la dimension spirituelle de la vieillesse, j'ai pu faire appel à une expérience de vie – je suis né en 1927 – et à une réflexion personnelle enracinées l'une et l'autre dans la spiritualité de saint Ignace – je suis jésuite depuis 1945.

J'ai discuté du vieillissement avec de nombreux amis et connaissances ; quelquefois avec en tête cette publication. J'aimerais remercier trois personnes dont la contribution m'a aidé à cheminer : le père Hans Oudshoorn sj, qui durant de nombreuses années a accompagné ses confrères à la résidence d'accueil pour personnes âgées Berchmanianum à Nimwegen (Pays-Bas) ; madame Sophie Montaperto qui a, de la même façon, pris soin pendant plusieurs années des personnes âgées dans un centre d'accueil situé en Bavière et qui a réfléchi sur ses années de service ; sœur Ignatia Bentele qui m'a transmis ses idées, tirées de sa longue et féconde expérience. Je leur suis sincèrement reconnaissant, ainsi qu'à tous les autres que je ne peux spécifiquement nommer.

Mais c'est à mes confrères du centre d'accueil Peter-Faber-Kolleg de Berlin-Kladow, tenu par l'ordre des Jésuites, que je suis le plus reconnaissant. J'ai vécu avec eux pendant presque neuf années. Ce fut pour moi une période privilégiée, pas toujours facile cependant. Mais ils m'ont beaucoup appris au sujet de la thématique de ce petit livre. Il y a six ans, j'ai écrit un article : « Pour une spiritualité de la vieillesse ». Il avait été inspiré par mes expériences avec ces confrères. La plupart d'entre eux ont déjà quitté ce monde. Je pense à eux avec tendresse et gratitude.

Mon souhait et mon espoir est que ce livre puisse aider de nombreuses personnes à vivre pleinement et harmonieusement, malgré les difficultés qui lui sont inhérentes, la dernière partie de leur vie.

Aix-la-Chapelle, automne 2003
PIERRE VAN BREEMEN

L'appel de la vie résonne sans fin

1

E SOIR D'UNE VIE ne se vit pas comme le matin d'une vie. Malgré cela, les deux périodes sont essentiellement reliées, de sorte que l'on ne peut que les vivre comme un tout. Ce qui au début prenait des proportions et une importance énormes peut se révéler à la fin relativement insignifiant. Et ce qui au début ne jouait qu'un rôle mineur va peut-être complètement occuper la dernière partie de la vie. Mais ces différentes étapes appartiennent toujours à cette même vie, laquelle tend vers sa plénitude. De même que notre corps remplace l'ensemble de ses cellules au cours d'un cycle de sept ans mais n'en reste pas moins notre corps, de même les différentes étapes de l'évolution de notre personnalité s'agencent pour former un tout : cette vie unique et éminemment personnelle. Chaque phase de la vie a ses devoirs propres, ses métamorphoses, sa beauté et son charme propres, ainsi que ses dangers, ses pièges et ses maux particuliers. L'existence n'est finalement qu'un long apprentissage, y compris durant la vieillesse.

L'écrivain Hermann Hesse a intensément vécu ces différentes étapes et l'a exprimé dans un poème :

Étapes d'une vie

Toute fleur se fane, toute jeunesse est vaincue
par la vieillesse ; ainsi chaque étape d'une vie,
toute sagesse acquise comme toute vertu,
s'épanouit en son temps et ne dure qu'un moment.
À chaque appel de la vie,
le cœur doit savoir dire adieu et tout recommencer
pour constituer des liens nouveaux, différents,

s'y engager avec bravoure et sans regret.
Chaque début recèle une magie cachée
qui vient nous protéger, nous aide à vivre après.

Les espaces successifs doivent se franchir gaiement,
ne pas être chéris comme autant de patries.
L'esprit de l'univers ne nous enferme ni ne nous lie ;
à chaque étape il nous libère, nous fait plus grands.
Dès que nous pénétrons une sphère de l'existence,
que nous y sommes chez nous, nous risquons l'apathie.
Seul celui qui ne craint ni départ ni distance
échappe à l'habitude qui l'engourdit.

Peut-être que la mort, à son heure arrivée,
nous mènera, pleins d'allant, vers des lieux incertains.
En nous l'appel de la vie résonnera sans fin…
Alors, mon cœur, prends congé et sois enfin sauvé[1] !

Plus la vie avance, plus sa finalité interne et sa structure deviennent manifestes. La vieillesse fait parfois apparaître ce qui n'était pas visible à l'époque où nous étions absorbés par nos activités, et éclaire ainsi les étapes antérieures de la vie. Voilà pourquoi le psalmiste implore : « Fais-nous comprendre que nos jours sont comptés. Alors nous acquerrons un cœur sage. » (Ps 90, 12)

Cette relation naturelle entre les différentes phases de la vie implique que la dimension spirituelle de la vieillesse ne peut normalement être perçue que par quelqu'un qui a préalablement eu une vie spirituelle ou qui y a été sensibilisé. La « vie spirituelle » doit avoir commencé lors de la vie active pour pouvoir porter des fruits avec l'âge. Plusieurs ont découvert cette nécessité trop tard et en ont éprouvé une grave déception. J'ajoute cependant immédiatement que bien souvent la grâce accomplit beaucoup plus que ce que prescrivent nos sages règles.

L'arrivée de l'âge crée un espace pour des valeurs sans doute importantes et précieuses tout au long de notre vie, mais qui n'ont quelquefois pas eu l'occasion de se déployer. Par exemple :

– faire silence et entrer consciemment en contact
  avec les sources de notre être ;

– prendre tout son temps pour écouter quelqu'un
  qui nous est proche ;

– se libérer des contraintes injustifiées,
  qu'elles soient sociales ou morales ;

– commencer le voyage intérieur, ce que Dag Hammarskjöld
  nommait « notre plus long voyage » ;

– raviver les souvenirs marquants et les apprécier avec sérénité.

Le prix pour atteindre cette sérénité est souvent élevé. Les forces physiques et les capacités intellectuelles diminuent ; la fragilité et la maladie peuvent prendre le dessus. Il faut donc compter de plus en plus sur l'aide des autres, ce qui exige et implique un processus de maturation qui ne peut survenir que lorsque l'on accepte bien le déclin de ses forces. Il y a toujours la tentation de faire « comme si de rien n'était », comme si on pouvait encore en faire beaucoup : après tout, ça ne va pas si mal… Accepter véritablement de vieillir requiert une bonne dose d'honnêteté et d'humilité. Mais si on y parvient, la vieillesse peut devenir un enrichissement et une grâce. De nombreuses personnes y sont déjà parvenues et en ont fait profiter leurs proches.

Ici aussi, une loi de la vie se répète. En vérité, ce que nous sommes est toujours fonction de trois facteurs. Le premier, ce sont nos gènes. Ils déterminent notre sexe, notre pigmentation et la couleur de nos cheveux, notre physionomie et bien plus encore. Tout cela est déterminé. Le deuxième facteur important, c'est ce que notre environnement et notre histoire personnelle ont fait de notre héritage génétique. C'est ce qui nous est arrivé et ce qui nous caractérise. Mais il faut y ajouter un troisième facteur : ce que, librement, nous avons choisi de faire de notre héritage génétique et de notre histoire. Ce troisième facteur est en quelque sorte notre marge de manœuvre, notre espace de liberté. Certains l'ignorent, d'autres savent en profiter. Ce que l'un conçoit de façon négative comme une attaque sur sa personne ou une défaite personnelle, l'autre y voit une chance à saisir ou un défi. Une chose est certaine : il y a des constantes dans notre vie. Mais la question décisive est de savoir comment composer avec celles-ci. On ne peut changer certaines situations, on ne peut qu'adapter notre manière de voir la vie. Quelque chose d'essentiel nous est ainsi donné. J'emprunte à C. G. Jung cette pensée éclairante : « On ne transforme que ce que l'on accepte. » Nous n'avons aucune influence sur ce que nous n'acceptons pas. Mais peut-être pouvons-nous transformer ce que nous acceptons en quelque chose de bien. Cela vaut non seulement pour les choses et les situations, mais également, *a fortiori*, pour les personnes. Plus on vieillit, plus cette loi de la vie m'apparaît importante.

Tout ce qui survient n'est pas le résultat direct de la volonté de Dieu. Je suis convaincu que certains actes et événements ne sont pas voulus par lui. Lorsqu'un conducteur ivre est responsable d'un accident mortel, il me semble simpliste de représenter cela comme étant la volonté divine. Dieu ne veut pas que des gens ivres prennent le volant, mais « nous savons que toutes choses contribuent au bien de ceux qui aiment Dieu » (Rm 8, 28). Pour en arriver là, il a besoin de la participation des hommes. Il fait sentir sa présence à travers les hommes. La question est donc de savoir comment nous pouvons, en collaborant avec Dieu, faire tendre la réalité des faits vers le bien. Notre rapport à Dieu n'a rien d'une fatalité qui nous tombe dessus et à laquelle nous devons nous soumettre. Une telle vision fataliste est en totale contradiction avec l'esprit du Christ. Tout l'art d'une vie chrétienne réside dans la capacité de développer une conception juste de l'action divine dans les événements, et de voir que « dans toutes choses sur la face de la terre, Dieu œuvre et travaille pour moi », comme l'exprime saint Ignace (*Exercices spirituels* 236).

Le 17 novembre 1944, détenu dans la prison de Berlin-Tegel où il avait les mains enchaînées de jour comme de nuit, le jésuite Alfred Delp écrit : « Pour moi, une chose est claire et je la ressens plus fortement que jamais : Dieu est partout. Dans tout ce qui nous entoure, sa présence se fait sentir. Mais nous sommes souvent aveugles. Nous le restons dans les moments heureux comme dans le malheur et ne remontons pas à la source, où Dieu se manifeste. Dieu vient à notre rencontre et nous demande une réponse humble et fervente[2]. » Même aux heures les plus sombres de sa vie, Alfred Delp s'efforce d'être digne de cet appel. C'est du fondateur de son ordre qu'il a appris cela : « Il faut chercher et trouver Dieu en toutes choses », travailler avec Dieu au mieux de son talent, être son instrument, toujours tout mener vers le bien, en union avec lui.

Pour saint Ignace, la mission que Jésus nous a confiée englobe notre vie entière. Il y a quelques années, le provincial des Jésuites de Californie avait créé quelques remous en déclarant qu'il n'y avait pas de retraite pour un jésuite. Celui qui a compris qu'un jésuite doit travailler jusqu'à sa mort a manifestement mal compris les mots du provincial. Celui-ci voulait dire qu'en réalité notre mission ne s'achève pas. Autrement dit, que notre retraite fait partie de notre mission. Même lorsque nous n'avons plus de forces et que nous ne pouvons plus travailler, notre mission reste la même. Pour saint Ignace, elle ne change toujours pas lorsque sonne l'heure de notre mort. Dans les *Constitutions* de la Compagnie de Jésus, le fondateur écrit : « De même que durant toute sa vie, dans sa mort aussi, et alors bien davantage, chaque membre de la Compagnie doit s'appliquer de toutes ses forces et chercher à ce que Dieu notre Seigneur soit glorifié et servi en sa personne, et que le prochain soit édifié ; cela au moins par l'exemple de sa patience et de son courage, ainsi que par sa foi vive, son espérance et son amour des biens éternels que le Christ notre Seigneur nous a mérités et acquis par les peines absolument incomparables de sa vie temporelle et de sa mort. » (Chapitre 4, 595)

Ce qu'Ignace de Loyola a écrit dans ses *Constitutions* vaut pareillement pour chaque chrétien. Car la vie de chaque baptisé est une mission qui englobe toute son existence. Malgré les rides, le chrétien vieillissant reste au service du royaume de Dieu, sous quelque forme que ce soit. Ainsi l'Évangile donne-t-il au grand âge et à l'expérience une haute valeur. C'est là une « bonne nouvelle » qui nous donne la force d'accepter avec patience et fermeté les épreuves de l'âge et le retrait de la vie active, considérés désormais dans un contexte plus large.

Lorsque j'ai parlé à une dame de 89 ans de mon projet d'écrire ce livre, en lui mentionnant que je prévoyais orienter ma réflexion sur la notion de tâche et de responsabilité, elle s'exclama spontanément : « Mais vieillir n'est pas seulement une responsabilité, c'est aussi une grâce ! » Elle a raison. On ne peut séparer don et devoir, mais il est bon de souligner le don : il aide à mieux accomplir le devoir.

Grandir à chaque étape 2

ORSQU'ON PARLE DE LA VIEILLESSE, il est bon de se rappeler qu'elle comporte différentes étapes. La catégorie sociale appelée « les aînés » est en expansion, en valeur absolue comme en pourcentage de la population, et elle devient aussi de plus en plus hétérogène. À première vue, on pourrait distinguer :

- les « jeunes vieux » pour ainsi dire, qui viennent tout juste de prendre leur retraite et qui sont encore en bonne santé intellectuelle et physique ;
- les aînés qui commencent à perdre leur autonomie ;
- ceux qui nécessitent des soins ;
- ceux qui souffrent de maladies modifiant la personnalité, comme la sénilité ou la maladie d'Alzheimer.

Au sein même de ces groupes, on trouve des différences tant culturelles qu'intellectuelles ou encore financières – le fossé entre les riches et les pauvres est tout aussi évident chez les personnes âgées, et s'agrandit aussi chez eux. Les possibilités de bien profiter de cette étape de la vie sont par conséquent également très variables.

Beaucoup de « jeunes vieux » ont trouvé diverses façons de bien utiliser leur liberté nouvellement acquise. Ils sont maintenant en mesure de réaliser les projets formés depuis longtemps et n'hésitent pas à saisir cette chance. Certains tirent avantage, par exemple, de la formation continue, l'université inter-âges, qui propose un enseignement éclectique et accessible, favorise le partage des savoirs et tient compte de leur maturité particulière. Beaucoup de participants y trouvent une source de plaisir et de satisfaction. D'autres mettent au service d'autrui leur expérience et leurs compétences, libérés qu'ils sont désormais des pressions du monde du travail. Je connais ainsi un confrère, ancien professeur du secondaire, qui utilise une partie de son temps libre pour enseigner l'allemand aux demandeurs d'asile. Cela lui permet de rester jeune et content. Un autre, informaticien, se rend en ville chaque semaine pour un après-midi au siège de la fondation Caritas pour essayer de régler leurs problèmes d'ordinateurs. Chacun d'entre nous connaît probablement des exemples de gens qui sont heureux de rendre un peu de ce qu'ils ont reçu tout au long de leur vie.

Dans de nombreux pays existe un mouvement, dirigé par les Jésuites, destiné à des jeunes désireux de s'engager dans l'action communautaire. En Europe, ce sont les Jeunes volontaires européens (JVE). Les jeunes adultes vivent ensemble pendant un an (parfois deux), dans un petit groupe formé très souvent de diverses nationalités. Ils ont fait le choix réfléchi de vivre le plus simplement possible et de travailler de quelque façon à aider des groupes de marginaux et des défavorisés sociaux. Dans leur vie communautaire, il y a de la place pour des temps de prière et des échanges spirituels ; et une fois par an se tiennent des retraites fermées de huit jours. Sur le même modèle se sont formés aux États-Unis des groupes nommés *Ignatian Lay Volunteer Corps*, qui s'adressent aux « jeunes vieux ». Pour de nombreux retraités, concilier une démarche spirituelle vécue en communauté avec l'action sociale constitue une transition harmonieuse entre la vie active et la retraite.

Les défis qui se posent aux personnes formant le deuxième groupe que nous avons évoqué sont complètement différents. Celles-ci constatent avec une certaine angoisse à quel point leur mémoire leur fait défaut, surtout pour les noms et les événements. Elles se rendent compte aussi qu'elles entendent et voient moins bien, si bien qu'elles s'isolent progressivement sans le vouloir. Certaines choses qu'elles peuvent encore faire se font habituellement plus lentement, et c'est non seulement difficile pour leur entourage, mais cela peut aussi mettre leur propre patience à l'épreuve. Il est difficile de faire face à la fragilité qu'apporte la vieillesse, mais elles sont contraintes de s'en accommoder. Par conséquent, ce que ces personnes doivent apprendre, c'est l'acceptation de leurs limites. Dans un monde où nos modèles sont toujours plus forts et plus rapides, ces personnes doivent prendre le chemin inverse. Leurs forces, leur concentration, leur résistance diminuent de plus en plus, et cela requiert un processus d'apprentissage difficile et continu. L'aune de ce qui déterminait leur vie antérieure perd de sa validité et de sa cohérence. Ils doivent la délaisser et en déterminer une nouvelle. Les gens sages sont capables de déterminer la juste mesure et d'y ajuster leur vie.

Le *magis* (terme latin qui signifie « davantage ») était pour Ignace de Loyola un idéal à atteindre : l'aspiration à « plus », à « plus grand », à laquelle il joignait la *discreta caritas* : l'amour discret et plein de discernement.

L'usage du comparatif est typique chez lui. La devise de la Compagnie de Jésus est *Ad majorem Dei gloriam*, au sens strict : « Pour *une* plus grande (et non *la* plus grande) gloire de Dieu », c'est-à-dire Dieu manifesté de plus en plus. Il y a une dynamique subtile qui sous-tend cela. Nous sommes sur le chemin de Dieu, qui s'ouvre à l'infini, ce qui fait de nous des pèlerins tout au long de notre vie. Cette disponibilité sans limites doit cependant s'accompagner de modération. Certes, la juste mesure est liée à notre personne propre, mais elle reste ancrée bien plus profondément qu'en nous-mêmes, puisqu'elle trouve ses racines dans la volonté de Dieu. Saint Ignace a sans cesse cherché à discerner la volonté de Dieu, la providence divine à laquelle il s'en remettait. « [Dans les œuvres que l'on fait], même dans les actions pieuses, il faut de la mesure si l'on veut pouvoir endurer la fatigue, ce qui serait impossible si elle était excessive. Pour les événements, il serait bon d'avoir l'âme prête à accepter les uns et les autres, favorables ou contraires, de fort bonne grâce, comme venant de la main de Dieu. Il nous suffit, à nous, de faire notre possible, selon nos faibles forces. Le reste, on doit le laisser à la Providence divine que cela regarde [...].[3] »

La perte des forces mène peu à peu à un état de dépendance. C'est sans aucun doute une épreuve cruelle et difficile à accepter. Il faut apprendre à attendre avec patience, même pour les démarches et les gestes les plus simples et les plus intimes. Et apprendre à s'en remettre aux autres. La solitude augmente et est parfois perçue comme un abandon. Beaucoup de choses porteuses de sens à une époque antérieure n'en ont plus. Il est possible que la présence d'un malade, éprouvante certes, soit aussi pour les autres une expérience féconde, mais celui qui est malade n'est souvent pas conscient de cette réalité, ou bien il n'ose pas y croire. Chacun doit tenter de trouver le sens spécial que revêt cette étape de la vie. Ce sur quoi notre amour-propre s'appuyait jusqu'ici disparaît presque entièrement – la vie active, la créativité, la productivité, mais aussi la capacité de s'occuper de sa famille ou de son entourage, l'influence et la place dans la société, l'apparence et la force physique, et bien souvent aussi la mémoire, l'ouïe et la vue. Heureux ceux qui ont vécu dans la foi. La question du sens va certes se poser pour eux, mais elle peut trouver ancrage dans la foi et l'espérance qui les ont nourris, et qui leur seront un soutien. Il s'agit ici des fondements de toute une vie.

Nous vivons dans une société qui valorise la réussite, dans laquelle nous sommes ce que nous produisons. C'est le milieu dans lequel nous évoluons, l'environnement dans lequel nous baignons. Un monde dans lequel tout se mérite, se gagne. Nous apprenons cela dès notre enfance et l'intériorisons rapidement. Cela imprègne notre façon de vivre. Non seulement nous devons gagner de l'argent et nous tailler une position sociale, mais nous devons aussi acquérir une bonne réputation, la reconnaissance des autres, parfois même leur loyauté et leur amitié. Dans l'Évangile, c'est complètement différent. On ne trouve pas les mots « performance » ou « rendement » dans la Bible ; on y parle seulement de « fécondité ». Cela implique une autre manière de concevoir la vie, car la fécondité recèle un mystère. Jésus a exprimé cela de façon simple et imagée dans la parabole de la semence : « Voici à quoi ressemble le Royaume de Dieu : Un homme lance de la semence dans son champ. Ensuite, il va dormir durant la nuit et il se lève chaque jour, et pendant ce temps les graines germent et poussent sans qu'il sache comment. » (Mc 4, 26 et ss) Le Royaume de Dieu est ainsi. Lorsqu'il s'agit de productivité et de rentabilité, ce qui est déterminant c'est d'avoir toutes les ficelles en main pour pouvoir tout contrôler. Dans le cas du Royaume de Dieu, l'essentiel est de s'en remettre au mystère et de le laisser travailler. C'est la loi fondamentale de la Bonne Nouvelle et elle devrait déterminer la vie de tout chrétien. La dernière phase de la vie, où l'énergie et l'initiative sont moindres, est propice à cet abandon confiant. La foi qui nous a fait vivre devient plus signifiante et libératrice. Elle nous apporte la paix, ce que ce monde ne peut nous offrir.

Il me semble que cette capacité de donner sa confiance importe non seulement pour les aînés mais est aussi applicable à notre société, dans laquelle cette notion est souvent fort négligée, malgré que notre monde en ait grandement besoin. Ceci est vrai aussi pour l'Église et les milieux chrétiens. Un bel exemple nous vient de la démarche du père Pedro Arrupe, élu à la tête de l'ordre des Jésuites en mai 1965. Il a assumé sa charge avec un dévouement inlassable, guidé par une foi et une confiance inébranlables. Le 7 août 1981, il a été victime d'un accident cardiovasculaire à l'aéroport Fiumicino de Rome qui le réduisit à un état de dépendance totale. Mais son successeur ne put être choisi que deux ans plus tard. La congrégation générale – une assemblée des jésuites du monde entier, réunie pour une élection – accepta la démission de P. Arrupe le 3 septembre 1983. Durant la réunion tenue l'après-midi, où le ton était particulièrement grave, un message de P. Arrupe fut lu, qui commençait ainsi : « Chers *patres*, j'aurais tant aimé me retrouver parmi vous en meilleure condition physique ! Comme vous pouvez le constater, je ne peux même pas m'adresser à vous directement. Mais mes assistants ont compris ce que je veux transmettre à chacun d'entre vous. Plus que jamais, mon sort se trouve dans les mains de Dieu. Depuis ma jeunesse et durant toute ma vie, c'est ainsi que je l'avais souhaité. Maintenant, il y a pourtant une différence : aujourd'hui, c'est Dieu qui a toute l'initiative. De savoir et de sentir que je suis complètement dépendant de Lui, entre ses mains, est véritablement une profonde expérience spirituelle. »

Pour certaines personnes âgées, cette phase de la dépendance, du déclin physique et intellectuel, mène à un profond changement de personnalité. C'est cela que les gens craignent. Il est difficile d'estimer la souffrance de ces patients car ils ne peuvent pas s'exprimer. À la résidence Peter-Faber-Kolleg, j'ai pu suivre la progression de la maladie d'Alzheimer d'un de mes confrères, des débuts jusqu'à ses tout derniers jours. À la fin, il ne pouvait même plus communiquer. Mais j'ai remarqué que toutes ses émotions et tous ses sentiments étaient encore présents, même s'il ne pouvait plus les verbaliser. Et à Noël, il nous a surpris lorsqu'il s'est mis à chanter avec ferveur les cantiques traditionnels.

Mais le patient n'est pas le seul à souffrir. Pour son entourage aussi la maladie est une dure épreuve. Et plus particulièrement au sein du couple, le fait qu'un partenaire se retrouve confronté à la maladie représente une grande souffrance. J'ai souvent pu le constater, et j'ai toujours été profondément touché par la fidélité et la patience, le respect et le dévouement de l'autre partenaire, qui n'est souvent lui-même plus en très bonne santé.

Lorsqu'il n'est plus possible d'apporter de soins à la maison, on doit en venir à la difficile mais néanmoins nécessaire décision d'installer le patient en centre d'accueil. Même si en pratique c'est un grand soulagement, cela demeure une lourde et déchirante décision.

La question de savoir ce que vaut une telle vie vient facilement à se poser, et nous l'entendons de plus en plus souvent. C'est une fausse question, mais sa récurrence souligne une attitude fondamentalement inquiétante. Une valeur est une qualité mesurable, soumise au jugement d'un individu ou d'un groupe, et de ce fait susceptible de varier, de fluctuer. Mais la dignité n'est pas une simple qualification de l'être humain : elle appartient à son être même. Elle est inviolable, car elle nous a été donnée par Dieu, qui a créé l'homme « à son image ». Comme nous le dit l'évêque Franz Kamphaus, « nous ne nous accordons pas mutuellement la dignité, voilà pourquoi nous ne pouvons pas nous la retirer mutuellement. Elle nous est donnée dès le commencement et elle est inviolable[4]. » Sans qu'elle en soit consciente, la personne gravement malade révèle ce qui la dépasse. De cela, on ne peut mesurer l'action bienfaisante.

Notre contribution à la société

3

ROIS FACTEURS DÉTERMINENT avant tout la place des générations plus âgées dans la société contemporaine. D'abord, grâce aux progrès de la médecine, l'espérance de vie a fortement augmenté, et les gens demeurent la plupart du temps en bonne santé plus longtemps. En même temps, le taux de natalité de ces dernières décennies est en chute libre ; en Allemagne, une femme n'aura statistiquement que 1,3 enfant. La conjugaison de ces deux facteurs a fait fortement augmenter la proportion des aînés dans la population. En outre, l'État moderne a une composante sociale importante et prend à sa charge, dans une large mesure, la couverture sociale du « troisième âge » ; ainsi cette génération plus âgée est-elle plus indépendante matériellement. La combinaison des deux premiers facteurs nous montre que la catégorie des retraités est en expansion par rapport au nombre d'actifs restants, proportionnellement moins nombreux, et représente pour la société un poids financier plus lourd. Voilà pourquoi leur rôle dans la société est déjà une question actuelle, qui est appelée à se poser avec plus d'acuité dans l'avenir.

Pour les acteurs économiques, les retraités sont une source de revenus potentiels à exploiter. Il existe un marché important qui s'adresse exclusivement au troisième âge. Pour ces « jeunes vieux », on trouve toute une panoplie de voyages organisés attrayants. Les secteurs de la mise en forme, du sport et de l'alimentation en profitent tout autant. Évidemment les compagnies d'assurance y voient aussi une bonne occasion d'affaires et saisissent l'opportunité. Pour les plus âgés, on offre des soins à domicile. Lors des élections, les aînés sont une force avec laquelle il faut compter. Les politiciens ne sont pas les seuls à le savoir, les gens du troisième âge eux-mêmes en sont conscients. On n'a qu'à penser aux « Panthères grises » (Grauen Panther) en Allemagne et à l'« American Association of Retired Persons » aux États-Unis.

Dans les familles, les grands-parents ont souvent un rôle notable, bien différent de celui qu'avaient les anciennes générations. Et ce, bien qu'il y ait beaucoup moins de petits-enfants que dans les générations précédentes. Mais lorsque les deux parents travaillent, le soutien des grands-parents est souvent requis et grandement apprécié. Ces derniers ont l'avantage de disposer de beaucoup de temps et peuvent interagir plus librement avec leurs petits-enfants qu'avec leurs propres enfants, car ils n'en ont pas la responsabilité directe. Toutefois, on se trouve bientôt confronté à un tout autre problème : l'emploi du temps des enfants déborde tellement de toutes sortes d'activités – leçons de musique, de danse et sports en tous genres – que ce sont les enfants qui n'ont plus assez de temps !

Il importe avant tout que les grands-parents n'essaient pas de refaire l'éducation donnée aux enfants par les parents, car cela pourrait créer des tensions malsaines dans leurs relations, aussi bien avec leurs enfants qu'avec leurs petits-enfants. On retrouve avant tout le problème, fréquent mais complexe, de l'éducation religieuse. De nombreux aînés se font du souci au sujet de la vie spirituelle de leurs enfants et de l'éducation religieuse de leurs petits-enfants. Souvent, ils viennent me confier le désarroi et le chagrin qu'ils en éprouvent : « Ils ne vont plus à l'église » ou « ils se sont détournés de l'Église… mais ce sont malgré tout de si bonnes personnes » ; « je prie pour eux tous les jours » ; « je ne comprends pas ». Quelquefois, ils se posent la question de leur propre responsabilité : « Qu'ai-je donc mal fait ? » Ils sont divisés entre l'optimisme et l'incompréhension, entre l'espoir et l'angoisse, et tout cela est ressenti très douloureusement. J'aimerais dire à ces aînés, ou plus spécifiquement à ces jeunes grands-parents : « Non, vous n'avez rien fait de mal » ; ou mieux : « Vous avez certainement commis des erreurs. Mais cela fait partie de l'apprentissage et de l'éducation. Sans celles-ci, ce ne serait pas une vraie éducation mais un conte de fées. Il y a eu dans les dernières décennies des changements énormes, rapides, qui font qu'aucun système éducatif n'aurait réussi à bien les préparer. Ils ont fait ce qu'ils pouvaient. Remettez-vous-en à Dieu à présent ; priez pour vos enfants et vos petits-enfants, mais avec foi et confiance. Faire pression sur vos enfants et vos petits-enfants serait une grave erreur. Vivez votre vie de façon authentique et sincère. Voilà le meilleur service que vous pouvez rendre à vos enfants et à vos petits-enfants. Alors Dieu agira à travers vos actes et veillera à ce que tout aille pour le mieux. »

L'importance de ce que représentent les aînés pour la jeune génération m'apparaît aujourd'hui différente de ce qu'elle était autrefois. Les connaissances et les expériences ne peuvent être transmises à la jeune génération que dans une moindre mesure. Les développements dans tous les domaines se produisent aujourd'hui si rapidement que les connaissances des aînés ne sont plus à jour. Un instituteur du secondaire pas encore très âgé me racontait qu'il s'adressait spontanément à ses élèves lorsqu'il avait des problèmes d'informatique et qu'il obtenait toujours une réponse rapide. Au niveau des connaissances techniques, ils sont tout simplement plus forts que nous. Même leur questionnement personnel est bien souvent différent de ce qu'il était auparavant, si bien qu'il est plus difficile de leur offrir une aide directe et concrète. Ce qui me semble fondamental cependant, c'est que les aînés puissent se distinguer par leur attitude devant la vie, leur point de vue sur les choses, qui doit refléter la sagesse acquise par l'expérience. C'est cette contribution-là qui peut apporter une aide authentique aux plus jeunes.

Ignace considère que l'un des grands devoirs de son ordre est que ses membres mettent tout en œuvre pour « réconcilier ceux qui sont dans la discorde ». Lors de l'élaboration des statuts écrits – les *Formula Instituti* –, il évoque cela spécifiquement, dès les premières phrases. Les aînés ont parfois à cet égard une aptitude particulière. Au cours de leur longue vie, ils ont vraisemblablement développé une bienveillance et une circonspection qui peuvent porter des fruits dans de telles situations. Les aînés ont souvent le temps et la patience qu'il faut pour prudemment rapprocher des gens qui se sont éloignés les uns des autres, avant tout les membres d'une même famille. Peut-être leur regard est-il moins superficiel. Siméon et Anne, tous deux très âgés, ont vu ce que les grands prêtres et les docteurs ne pouvaient percevoir, et ont été remplis d'une grande joie : ils ont reconnu le Prince de la paix. Apporter un peu de cette paix dans notre société contemporaine pourrait se révéler d'un grand secours.

Il y a cependant un stade où la personne âgée est de plus en plus en demande de soutien et de soins particuliers et où elle doit l'accepter. Avoir besoin d'aide fait partie de la vie, en particulier au début et à la fin. Cette acceptation fondamentale me semble une des valeurs importantes du christianisme. Il faut avant tout être disposé à être aidé, le vouloir, et reconnaître que ce besoin peut croître avec le temps et que les membres de notre famille ne sont pas toujours en mesure de nous donner les soins requis. Dans ce cas précis, j'ai beaucoup appris de saint Ignace : celui qui a besoin de notre aide est un bienfait pour la communauté. Ignace a toujours considéré qu'il fallait porter la plus grande attention aux malades. Et pourtant, les premières phrases qu'il a écrites sur la maladie et la mort ne parlent pas des services que l'on doit apporter aux malades mais bien plutôt du service que les malades rendent aux gens en bonne santé. Il ne fait certes pas spécifiquement référence aux personnes âgées, puisque la

Société de Jésus en comptait peu à son époque ; néanmoins, la communauté a-t-elle besoin non seulement de leur exemple de patience et de courage mais aussi de la possibilité de pouvoir prendre soin d'eux. Concevoir cela de cette manière me semble une philosophie de vie appropriée et actuelle. On retrouve cette réalité enracinée dans le concept de « l'Arche » de Jean Vanier, cadre dans lequel elle démontre sa validité et sa fécondité. Des personnes habituellement qualifiées d'« handicapées » vivent ensemble à l'Arche avec d'autres que l'on pourrait considérer comme « normales ». Mais Jean Vanier veut s'assurer qu'une telle classification n'aura pas lieu : d'après lui, nous avons tous nos handicaps. Et ces prétendus handicaps sont pour la communauté une contribution importante et des plus enrichissantes. Henri J. M. Nouwen, auteur de nombreux ouvrages de spiritualité, a passé les dernières années de sa vie à l'Arche de Toronto. Les livres qu'il a écrits à cette époque reflètent tous les expériences libératrices vécues dans cette communauté, en particulier *Ma foi comme une histoire*, paru en publication posthume. Si l'on suit cette conception, une double tâche attend les aînés en fin de vie : accepter sereinement de dépendre des bons soins d'autrui et offrir à ceux qui les entourent l'occasion bénie de partager la fragilité humaine. Soyons donc prêts !

J'ai pu assister, à quelques reprises, à la mort d'un être cher au sein d'une petite communauté, et même dans une famille. Il semble évident qu'aujourd'hui cela reste une exception. La famille en question pouvait se le permettre car, parmi les nombreux frères et sœurs, il y avait plusieurs infirmières. Je pouvais être présent au sein des petites communautés parce qu'elles étaient à proximité d'un hôpital ou lui étaient affiliées. Une communauté de jésuites à Bruges, en Flandre, y est également parvenue parce que tous les membres s'y sont engagés et qu'ils se sont assurés d'un soutien extérieur compétent. Chaque fois, ce fut comme une grande faveur pour le mourant d'être parmi une assemblée familière et de pouvoir y terminer ainsi sa vie. Pour ceux qui restaient, ce fut aussi une expérience profondément émouvante d'accompagner un être cher dans son dernier voyage. Des années plus tard, ils parlent encore de ces moments et en sont reconnaissants. Voilà la façon dont saint Ignace envisageait les bienfaits que peuvent apporter la maladie et la mort. Les centres de soins palliatifs sont conçus dans cet esprit, au service des personnes mourantes, et font ainsi beaucoup de bien.

Aujourd'hui encore, les aînés ont une place irremplaçable dans la société. C'est en tout cas ce que ce chapitre a essayé de démontrer. On ne peut se permettre de se priver de la contribution des aînés.

Un temps propice à la gratitude

4

EUX QUI VIVENT avec des personnes âgées connaissent sûrement de nombreuses histoires, mille fois entendues et qu'ils se font continuellement répéter. C'est un fait qu'à mesure que l'on vieillit, on a tendance à se répéter. Les personnes âgées aiment volontiers donner leur opinion, mais n'ont souvent pas grand-chose de neuf à raconter, donc elles répètent d'anciennes histoires. Elles commencent souvent par la remarque qu'« elles l'ont sûrement déjà raconté » ; à mesure qu'elles vieillissent, elles ne s'excusent plus, et plus tard encore, elles ne savent même plus si elles l'ont déjà raconté. Cette particularité de la vieillesse recèle deux dangers opposés.

D'un côté, la tendance à l'inflexibilité, à la rigidité et à la ritualisation. On s'accroche au passé, on l'enjolive et on l'idéalise. Finalement, ce qu'on recherche dans tout cela, c'est la sécurité. Les bonnes vieilles habitudes ! À l'autre extrême, on retrouve un certain désarroi, un laisser-aller, un certain manque de mesure et de réserve, dont le radotage est un signe.

Durant la vieillesse, il faut continuer à nourrir son esprit, rester alerte, se sentir concerné par l'actualité, l'état du monde, ou de l'Église. Il faut s'informer, que ce soit par la conversation, les journaux ou la télévision, continuer à s'intéresser aux activités culturelles et prendre le temps pour des lectures inspirantes et vivifiantes. Lorsque cela devient plus difficile, on peut avoir recours aux audio-livres. Le bénévolat et les petits services rendus sont aussi une bonne manière d'établir ou de garder le contact et de rester alerte. Souvent, les petits riens prennent une valeur plus grande lorsqu'ils sont faits avec amour.

Pour éviter de devenir morose et grincheux, l'humour s'avère un précieux atout. L'humour fait découvrir des aspects qu'un trop grand sérieux ne saurait voir ; il détend l'atmosphère et allège l'existence. L'humour permet de considérer les choses sous un autre angle. Il est comme le soleil qui éclaire un paysage : les arbres et les champs restent les mêmes, mais sous sa lumière ils nous paraissent beaucoup plus attrayants. L'humour adoucit le chagrin, la colère ou la honte, et aide à guérir les blessures. Heureux celui qui peut garder un esprit ludique et qui peut rire de lui-même. Le rire fait du bien. Il détend même notre corps : on prétend que rire pendant vingt secondes correspond à trois minutes de jogging. Et c'est un exercice qu'on peut faire en restant assis dans son fauteuil ! L'humour est bénéfique parce qu'il nous aide à relativiser, à mettre les choses en perspective et ainsi à leur donner leur vraie place. De cette manière, on peut plus facilement accepter et intégrer ce que la vie a à nous offrir. Et c'est justement une des tâches de ceux qui vieillissent : tout accepter, faire avec ce que la vie nous a donné et ce que nous avons vécu.

Dans le Sermon sur la montagne, Jésus nous enseigne à prendre chaque jour comme il vient. « Ne vous inquiétez donc pas du lendemain : le lendemain se souciera de lui-même. À chaque jour suffit sa peine. » (Mt 6, 34) Nous ne devrions pas craindre ce qui pourrait survenir à l'avenir, au cours de la dernière étape de notre vie, la maladie ou la souffrance. Souvent, on appréhende des souffrances qui pourraient survenir et qui n'arrivent pourtant jamais. Si l'on se sent une telle disposition, il faut la combattre. Saint Ignace appelle cela *agere contra* : agir diamétralement à l'encontre de la tentation (*Exercices spirituels* 351). Devant de telles angoisses ou de telles peurs, il est bien de s'en remettre à Dieu, de simplement réciter avec ferveur une prière que l'on connaît peut-être par cœur. Un tel acte de confiance vaut de l'or.

Sur le chemin qui mène vers la maturité, la gratitude est une vertu indispensable. Elle rend grâce à la vie et l'accueille comme un don. Elle nous amène à ne pas concevoir la vie comme un dû ou comme une fatalité, mais bien plutôt à remonter à sa source. La gratitude suppose la confiance. On ne peut pas être reconnaissant envers quelqu'un en qui on n'a pas confiance, ou pour quelque chose dont on se méfie. Pour pouvoir intégrer les différentes expériences de notre vie, la gratitude nous aide plus encore que le précieux humour. L'acceptation n'est totale que dans la gratitude. Elle seule permet d'unifier la vie, dont elle n'exclut rien, même les échecs et les déceptions. C'est alors que notre cœur est rempli d'une vraie paix.

L'Évangile ne nous a jamais promis que les souffrances et les échecs nous seraient épargnés ; au contraire, Jésus a invité chacun de ses disciples à prendre sa croix et à le suivre (Mt 16, 24 et autres passages). Dès le début, tous les chrétiens – et avant tout les apôtres – ont éprouvé la dureté de la vie et toutes les formes de souffrance qui y sont associées. Mais ils ont aussi fait l'expérience de ce que Jésus a solennellement proclamé à la fin de l'évangile selon saint Matthieu : « Et sachez-le : je vais être avec vous tous les jours, jusqu'à la fin du monde. » (Mt 28, 20) Cette promesse est l'accomplissement de ce qui avait été annoncé par un ange dans le premier chapitre du même évangile : « La vierge sera enceinte et mettra au monde un fils, qu'on appellera Emmanuel – Ce nom signifie *Dieu est avec nous.* » (Mt 1, 23) Si nous pouvons croire à cette présence de Jésus dans notre vie, alors nous possédons la clef pour accepter la vie dans sa totalité. Au psaume 103, il est dit : « Je veux dire merci au Seigneur ; de tout mon coeur, […] sans oublier un seul de ses bienfaits. » Voilà donc la vraie sagesse : que tout en nous puisse louer et remercier Dieu. Alors nous pourrons trouver l'unité et la paix. À la fin de sa vie relativement courte – il est mort à l'âge de 56 ans – Dag Hammarskjöld, secrétaire général des

Nations unies, a écrit : « La nuit approche. Pour tout ce qui fut, merci ! À tout ce qui viendra, oui ! »

Une infirmière qui travaillait dans un foyer d'accueil voyait tous les jours une dame de 95 ans assise tranquillement à la fenêtre, de longues heures durant, qui observait la vie et les gens. Elle lui demanda ce qui la fascinait tellement. Elle reçut la réponse suivante : « Vous savez, quand j'étais jeune, je n'avais pas le temps de réfléchir parce que je travaillais tout le temps. Mais depuis onze ans que je suis dans ce foyer d'accueil, je dois admettre que je n'ai jamais été si bien traitée de ma vie. J'ai de bons repas et une chambre chauffée. C'est loin d'être négligeable ! Le personnel est le plus souvent attentif et gentil, et je suis contente. J'ai l'occasion de rencontrer toutes sortes de gens. Et voyez donc la nature ; Dieu n'a-t-il pas créé un merveilleux univers ? Il a créé pour nous les animaux et les plantes, pour que nous ayons assez à manger. Dieu est dans la nature et rien n'est dû au hasard. Voilà pourquoi je suis volontiers à la fenêtre pour observer ce qui se passe à l'extérieur, et je réfléchis à tout cela. Je ne peux presque plus faire de promenades mais, malgré tout, ici je peux observer le changement des saisons. Et tout ce que le bon Dieu a fait. » Cette dame âgée n'a peut-être pas reçu l'éducation d'un Dag Hammarskjöld, mais sa destinée accomplie, elle aussi peut en éprouver un profond contentement.

Ignace de Loyola termine ses *Exercices spirituels* par une « contemplation pour obtenir l'amour ». Il incite celui qui s'y adonne à demander « la connaissance intime de tant de bienfaits [qu'il] a reçus de Dieu, afin que, dans un vif sentiment de gratitude, [il] se consacre sans réserve à son service et à son amour » (233). Ignace recommande de se rappeler des bienfaits reçus : ceux de la création, de la rédemption, et les dons particuliers ; et de considérer « très affectueusement tout ce que Dieu a fait pour moi, tout ce qu'il m'a donné de ce qu'il a, et combien il désire se donner à moi… » Il me semble que la vieille dame à la fenêtre fait à sa manière ce que saint Ignace recommande. C'est bien ainsi que se conçoit l'accomplissement : reconnaître que « Dieu veut se donner » à nous, que nous pouvons répondre à cet amour et aspirer à la plénitude de l'union avec Dieu.

«Un îlot de calme entouré de silence»

5

PLUS ON VIEILLIT, plus on est confronté au fait que les possibilités d'établir des contacts diminuent parce qu'on voit moins bien, qu'on entend mal et qu'on se déplace avec plus de difficulté. Ce sont des pertes douloureuses, mais c'est aussi une loi implacable de la nature qui oblige à une plus grande introspection. Refuser une telle invitation à entrer en soi-même représenterait une perte plus grande encore. Ce qui nous permet d'aborder le thème essentiel de la place de la prière dans la vieillesse. La prière d'une personne de 80 ans est bien évidemment différente de celle d'une personne de 25 ans. Elle a probablement plus de maturité et de profondeur, mais elle n'est pas exempte d'embûches. Comment prier lorsqu'on est âgé ? Qu'est-ce qui peut nous aider ?

61

Lorsque Dag Hammarskjöld a pris la direction des Nations unies, il a fait aménager un lieu de méditation dans le grand édifice de l'Organisation à New York. Les diplomates, les fonctionnaires et les visiteurs, quelle que soit leur religion, pouvaient s'y retirer pour méditer ou pour y trouver un moment de silence. Il a lui-même écrit un texte qu'il a fait afficher dans cet espace. Il commence ainsi : « En chacun de nous, au centre de notre être, il y a un îlot de calme entouré de silence. » (*In each of us there is a centre of stillness surrounded by silence.*) Cet espace de pure tranquillité est ce que la longue tradition spirituelle des mystiques a nommé « le sommet de l'âme ». Avec raison, Dag Hammarskjöld affirmait que ce centre de paix intérieure est *déjà là*, en chacun de nous. On ne doit pas le créer mais seulement y trouver accès. Il se peut que la voie vers cet îlot de calme soit peu utilisée ou envahie par les ronces, et qu'elle doive préalablement être dégagée. Passé un certain âge, la nature nous facilite l'accès au chemin intérieur. Toutefois, l'aîné découvre assez rapidement qu'il n'est pas si facile de persévérer sur la voie spirituelle, car il arrive que les facultés d'attention et de concentration diminuent. Avec l'âge, c'est un des désavantages dont on doit s'accommoder, et heureux ceux qui acquiescent aux exigences de la nature. Les méthodes de méditation modernes considèrent avec justesse que le corps doit être intégré à la spiritualité. Passé un certain âge, ce conseil signifie parfois qu'il faut accepter les problèmes de santé et les offrir à Dieu, ce qui n'est pas toujours facile. Il ne s'agit pas d'idéaliser la place de la prière dans la vieillesse. Plusieurs personnes pensaient, lorsqu'elles étaient plus jeunes, qu'elles auraient le temps de prier une fois arrivées au stade de la vieillesse. Puis, lorsqu'elles y arrivent, elles découvrent que la prière peut être difficile et décevante. Plus les racines de la prière sont établies tôt au cours d'une vie, plus elles seront profondes et vivaces au long de la vieillesse.

On peut prier à plusieurs, dans une communauté ou dans un groupe. On peut aussi prier à deux, et évidemment beaucoup prient seuls. Une église ou une chapelle sont bien sûr des lieux tout désignés, bien qu'ils ne soient pas toujours accessibles ou facilement atteignables. On peut créer dans un appartement ou dans une pièce un « coin de prière », dans lequel on installera un objet de dévotion sur quoi fixer notre attention lors de la prière.

Il existe plusieurs formes de prière. La première est sans aucun doute la célébration eucharistique à laquelle Jésus nous convie par ces mots : « Faites ceci en mémoire de moi. » Ces paroles sont au cœur de la prière eucharistique. Nous nous remémorons la vie de Jésus, ses souffrances, sa résurrection. Et en même temps, nous nous remémorons sa présence parmi nous. La célébration de l'Eucharistie place Jésus au centre de notre attention, de notre affection et de notre dévotion. Cette remémoration à laquelle il nous invite devient en soi une action de grâce – l'étymologie grecque du mot « eucharistie » signifie d'ailleurs « rendre grâce » –, une expression de notre gratitude. Et cette prière contient aussi notre part de soucis et de demandes. Dans l'Eucharistie, Jésus, aliment céleste, se donne à nous. Ainsi l'amour de Dieu est-il incarné par Jésus. De nos jours, ceux qui ne peuvent plus se rendre à l'église ou dans une chapelle peuvent participer à la messe grâce à la télévision, ce qui représente une source de réconfort pour de nombreux aînés.

La « prière publique de l'Église », qui est en quelque sorte le prolongement de la célébration eucharistique, est la liturgie des Heures, où les psaumes jouent un rôle central. Saint Augustin l'exprime ainsi : « Le Christ prie pour nous, prie en nous, et reçoit nos prières. Il prie pour nous comme notre prêtre, il prie en nous comme notre chef, il reçoit nos prières comme notre Dieu. Reconnaissons donc, et que nous parlons en lui, et qu'il parle en nous. » (*Discours sur le Ps 85*) Ceux qui prient ainsi sont reliés à l'Église, car ils se joignent à une prière qui monte vers Dieu continuellement de partout sur la terre. Ils prient aussi pour toutes les détresses du monde, connues et inconnues. La récitation et la méditation de l'office divin, selon nos possibilités, soit avec d'autres ou individuellement, est donc une façon de prier particulièrement gratifiante.

La prière du rosaire est plus répandue, et elle est appréciée de nombreux aînés. On peut réciter un chapelet seul ou en groupe. Dans certains centres d'accueil, certaines paroisses ou chapelles, des gens se rassemblent à un moment précis de la journée pour le chapelet. Un confrère m'a raconté qu'après la chute du communisme, il a accompagné de nombreux étudiants en Albanie, un pays durement éprouvé, pour soutenir les Jésuites dans leurs efforts de reconstruction. Chaque dimanche, les gens d'un village se rassemblaient à l'ombre sur une place et chantaient la prière du rosaire sur une mélodie répétitive qui lui rappelait les mélopées orientales.

C'était visiblement un moment heureux et précieux. Pendant la dictature communiste, toute forme de religiosité était réprimée. Même la prière était punissable de prison et de déportation de la famille. Mon confrère a discuté de tout cela avec Zef, un jeune homme de 34 ans. Et ce dernier de raconter : « Ces dix doigts – il montra ses mains noueuses – et la méditation des mystères du rosaire, l'incarnation, la passion et la résurrection de Jésus, nous ont permis de demeurer chrétiens, et ce, sans bible et sans sacrements. Seul le chapelet nous a permis de nous raccrocher à la foi[5]. »

Karol Wojtyla a aussi personnellement vécu et souffert sous un régime communiste. À peine deux semaines après avoir été élu pape, lors de son allocution à l'heure de l'angélus, il a trouvé des mots merveilleux pour la prière du rosaire, et a soumis celle-ci au rythme quotidien de son nouveau pontificat. Au début du vingt-cinquième anniversaire de son élection, le 16 octobre 2002, dans une lettre apostolique, il nous a recommandé la prière du rosaire par des mots judicieusement choisis. Il était lui-même déjà âgé et de santé déclinante. À cette occasion, il a proposé à notre méditation cinq nouveaux mystères qui s'ajoutent aux autres – joyeux, douloureux et glorieux – de la vie de Jésus. Il les a nommés les mystères lumineux : 1. le baptême de Jésus au Jourdain ; 2. la révélation de Jésus aux noces de Cana ; 3. l'annonce du Royaume de Dieu et l'invitation à la conversion ; 4. la Transfiguration de Jésus ; 5. l'institution de l'Eucharistie. La méditation des nouveaux mystères du rosaire est recommandée particulièrement pour la prière du jeudi.

La prière personnelle, avec nos propres mots, est probablement la plus naturelle qui soit pour de nombreuses personnes. Les parents et les grands-parents prient pour leurs enfants et leurs petits-enfants. Ils n'ont besoin de l'apprendre de personne. De la même façon qu'il n'est point besoin de dire à un enfant comment faire connaître ses désirs à ses parents, chaque croyant, en tant qu'enfant de Dieu, a le privilège de faire appel à la sollicitude divine. Cela relève de la relation de confiance. On ne fait pas cela pour informer Dieu de nos problèmes – comme s'il pouvait ne pas les connaître et n'en savait rien. Il s'agit bien plutôt de les lui confier et de s'en remettre à lui. C'est ainsi que la prière de demande devient libératrice et salutaire. Nous n'avons plus besoin de porter notre fardeau seul. Dieu sait tout de nous. Parfois nous ne le comprenons pas, mais nous croyons en lui, en sa présence, à l'œuvre de sa grâce, à sa bonté. Ainsi notre cœur s'ouvre-t-il pour pouvoir recevoir ses dons. Chaque requête devrait s'accompagner de ces mots : « Toutefois, que ce ne soit pas ma volonté qui se fasse, mais la tienne. » (Lc 22, 42) Cela aussi relève d'une confiance toujours en éveil. Certaines personnes prononcent ces paroles trop rapidement, car elles n'ont pas vraiment confiance en Dieu pour exaucer leur prière et veulent ainsi se protéger de la déception. D'autres ne les prononcent jamais, ou bien trop tardivement. Alors leur prière devient fanatique et malsaine. Un peu comme si elles voulaient forcer la main de Dieu. Encore une fois il faut trouver la juste mesure.

Durant la prière, nous ne sommes jamais seuls. Dans la lettre aux Hébreux, il est dit au sujet de la personne de Jésus glorieux, prêtre éternel, « [qu']il peut sauver définitivement ceux qui s'approchent de Dieu par lui, car il est toujours vivant pour prier Dieu en leur faveur» (He 7, 25). De même, les saints interviennent avec lui, comme amis de Dieu, et intercèdent pour nous auprès de Dieu. Chez les Jésuites, la prière fait partie des devoirs officiels, de la mission des compagnons âgés qui ne peuvent plus travailler activement. Ainsi, dans l'annuaire publié chaque année par chacune des provinces, il est inscrit à côté de leur nom : *orat pro ecclesia et societate* (il prie pour l'Église et la Société [de Jésus]). Durant les neuf années ou presque que j'ai passées dans un foyer d'accueil à Berlin, j'ai pu constater avec joie le sérieux avec lequel ce devoir est accompli.

Il existe un lien étroit entre la prière de demande et la prière d'action de grâce. Au chapitre précédent, nous avons exposé le thème de la gratitude. Bien sûr, la gratitude s'exprime aussi dans la prière. Ces deux aspects de la prière, demande et action de grâce, se complètent et se nourrissent l'un l'autre. On peut aussi partager l'expérience spirituelle des sages et des mystiques, et puiser dans les trésors de la tradition chrétienne, qui enrichissent nos prières et ouvrent de nouveaux horizons, impossibles à découvrir seul.

Normalement, la prière se fait de plus en plus calme et sereine. Elle prend souvent la forme d'un moment tranquille sous l'œil bienveillant de Dieu. Cela fait du bien d'être en sa présence. Il n'est pas nécessaire de dire grand-chose, car Dieu sait déjà tout. On remet entre ses mains les joies comme les souffrances, les soucis et les inquiétudes, les succès et les échecs. Dieu nous regarde avec amour et une infinie bonté. Il se réjouit de notre existence. Et c'est suffisant. Nous sommes continuellement sous son regard. Il y a cette histoire célèbre du curé d'Ars qui avait observé un vieux paysan qui passait régulièrement beaucoup de temps à l'église. Un jour, il lui demanda ce qu'il faisait durant toutes ces heures dans la maison de Dieu. Il s'entendit répondre : « Je le regarde, il me regarde, et nous sommes heureux. » Ces simples mots contiennent l'essentiel de la prière. De nombreux aînés l'ont déjà découvert par eux-mêmes et ont fait l'expérience d'une joie tranquille et profonde. Sans effort ils s'en remettent à Dieu et lui confient ceux qu'ils aiment. C'est leur cœur qui prie.

L'abandon confiant

6

NE DES LOIS FONDAMENTALES de la vie veut que croître et se développer comporte toujours une part de renoncement. La sclérose est une maladie aussi bien intellectuelle que corporelle. De nombreux psychologues considèrent que la source des troubles névrotiques se trouve dans le refus d'avancer, de grandir et de dépasser ce qui est accompli. Bien sûr la vieillesse est plus propice au détachement qu'à la recherche de nouveauté. Mais la tâche de se transformer appartient aussi aux aînés, c'est pourquoi ils se doivent malgré tout de rester ouverts et réceptifs. Dans son dernier message lu à la Société de Jésus (déjà cité au chapitre 2), le père Pedro Arrupe, alors âgé et très malade, insiste là-dessus : « À ceux qui ont atteint mon âge, je recommande fortement l'ouverture d'esprit. À ce stade, il faut chercher ce qui reste à faire, et l'accomplir avec insistance. »

Le détachement est bien souvent une expérience douloureuse à laquelle il faut se confronter consciemment. On ne peut ni tricher ni l'éviter. C'est un processus qui s'accomplit dans de nombreux domaines. La plupart du temps, on possède moins de biens matériels qu'avant, on a moins d'énergie et de résistance, moins de responsabilités, et notre participation à divers projets et activités est moins sollicitée qu'avant. Lorsque la liberté de mouvement se trouve limitée, les contacts diminuent et certaines relations s'étiolent. De plus en plus d'amis ont déjà fait leur dernier voyage. Parfois certaines certitudes, certaines convictions perdent de leur force. On découvre des formes insoupçonnées de pauvreté, de dénuement, et on peut parfois se sentir atteint dans sa dignité. Beaucoup ont trouvé une consolation dans les mots de Jésus à Pierre : « Oui, je te le déclare, c'est la vérité :

quand tu étais jeune, tu attachais toi-même ta ceinture et tu allais où tu voulais ; mais quand tu seras vieux, tu étendras les bras, un autre attachera ta ceinture et te mènera où tu ne voudras pas aller. » (Jn 21, 18) On peut toutefois être tenté de résister à une telle dépendance en adoptant un comportement quelque peu despotique, aussi bien à l'endroit des gens qui veulent nous aider qu'envers ceux qui pourraient bénéficier de notre aide. Il faut encore ici trouver le bon équilibre entre l'acceptation et la résistance – tâche ardue s'il en est. Après tout, « renoncer » est un verbe actif !

Un confrère s'imagine sa rencontre avec le Christ de la manière suivante : « Dans une salle de réception harmonieusement décorée et éclairée, Jésus est assis à une grande table, entouré de convives dont certains me sont familiers, d'autres moins. En les observant, je découvre, stupéfait, que chacun est moi à différentes étapes de mon existence. Soudain, mon moi "vieillard" entre dans la salle et m'expose ce qui m'attend : peu à peu, je vais te dépouiller ; d'abord les cheveux, ta peau fraîche, puis les dents, ensuite la mémoire… Tu auras chaque fois le choix : si tu me donnes de bon gré ce que je veux de toi, alors je le rendrai à ton Créateur comme une offrande que tu lui fais ; mais si tu refuses, je te l'enlèverai et l'apporterai dans ta tombe. » Ce fantasme est en quelque sorte un commentaire imagé des paroles de Jésus : « En effet, celui qui veut sauver sa vie la perdra ; mais celui qui perdra sa vie pour moi la retrouvera. » (Mt 16, 25)

Peut-être le détachement doit-il aller encore plus loin qu'on ne l'imaginait. Des gens qui ont fondé toute leur existence sur la foi, et qui ont même conforté les autres dans leur foi, peuvent se retrouver à la fin de leur vie devant les ténèbres du doute mystique et être confrontés à une complète incertitude intérieure. Cela peut se révéler une expérience angoissante dans laquelle la personne qui vieillit se voit privée de ses repères et contrainte en quelque sorte à un abandon total et confiant. Thérèse de

Lisieux (1873-1897) a connu une telle obscurité dans les derniers mois de sa courte existence : elle était convaincue qu'elle avait perdu la foi. Pour cette carmélite qui avait enraciné toute sa vie dans une foi radicale, cette désaffection fut un douloureux arrachement. Elle disait : « Dieu est comme un mur. » Mais même dans cette épreuve elle est demeurée fidèle et répétait souvent que tout est grâce. Par contre, à d'autres il est accordé d'aller vers la mort sans éprouver le doute ; ils peuvent ainsi rendre leur âme au Créateur sans angoisse. Les voies de Dieu sont impénétrables, et c'est bien ainsi. Saint Augustin disait : *si comprehendis, non est Deus* – si tu comprends quelque chose à tout cela, alors cela ne peut venir de Dieu.

Dieu est amour par essence, il est don. Dieu veut se révéler, il veut se communiquer. Cette volonté d'entrer en relation est au cœur du mystère de la Trinité. Le Père communique son être intime et sa plénitude au Fils qui réciproquement se donne sans réserve au Père. En créant le monde,

Dieu veut se révéler aux hommes et s'unir à eux. Et Jésus, le Fils incarné, s'abandonne complètement à la volonté bienveillante du Père : « parce que je fais toujours ce qui lui plaît » (Jn 8, 29). Aussi s'offre-t-il aux hommes « jusqu'à la mort sur une croix » (Ph 2, 8) pour les réconcilier avec Dieu et les appeler à partager, sous l'action de l'Esprit, la vie de la bienheureuse Trinité.

Se disposer à recevoir ce don infini est donc de première importance. Le détachement progressif qui s'instaure au cours de la vieillesse devient un entraînement au renoncement final, lors des derniers moments passés sur cette terre. Car chacun est seul devant la mort, et doit tout laisser derrière, les gens et les choses. Le détachement n'est toutefois pas la fin, mais plutôt le début de l'accomplissement, lorsque nous serons accueillis par Dieu et remplis de sa présence. « Mais, comme le déclare l'Écriture : "Ce que nul homme n'a jamais vu ni entendu, ce à quoi nul homme n'a jamais pensé, Dieu l'a préparé pour ceux qui l'aiment." » (1 Co 2, 9) Notre vie ne va pas vers le vide, mais plutôt vers une plénitude que nous pouvons à peine soupçonner.

La tâche la plus décisive dans le processus du vieillissement est sans doute l'abandon confiant. Les dernières paroles de Jésus dans l'évangile de Luc sont des paroles d'abandon : « Père, je remets mon esprit entre tes mains. » (Lc 23, 46, tiré du psaume 31, 6) Il est bon de redire souvent ces mots avec Jésus. Ils peuvent nous accompagner aux heures tristes comme dans les moments heureux. Tout ce qui nous accable et nous inquiète, mais aussi ce qui nous réjouit et nous rend reconnaissant, et ce qui nous revient en mémoire spontanément ou au cours d'une conversation, et notre expérience de la fragilité et de l'éphémère : tout cela, on ne peut faire mieux que de l'offrir à Dieu et de s'en remettre à lui. Une maladie incurable, la perte d'un être cher, d'un confident ou d'un ami, l'issue incertaine d'un événement important : dans tous ces cas, la confiance sereine en Dieu est la meilleure attitude, la plus bénéfique. Cela ne veut pas dire que l'on n'entreprend rien soi-même, mais plutôt que ce que l'on fait, on le fait en union avec Dieu. « Si nous vivons, nous vivons pour le Seigneur, et si nous mourons, nous mourons pour le Seigneur. Ainsi, soit que nous vivions, soit que nous mourions, nous appartenons au Seigneur. » (Rm 14, 8)

Il existe plusieurs prières d'abandon inspirées des paroles de Jésus sur la croix. Elles peuvent aider à y voir plus clair et à aller à l'essentiel. Ainsi, les psaumes 23 [« il me conduit au calme près de l'eau »] et 139 [« Ô Dieu, regarde jusqu'au fond de mon cœur / reconnais mes préoccupations profondes / conduis-moi sur le chemin qui a toujours été le tien »] peuvent être d'un grand réconfort. La prière de Nicolas de Flüe, mystique suisse du XVe siècle, exprime aussi de façon poétique un désir ardent et une entière confiance en Dieu.

Seigneur Dieu,

enlevez-moi tout ce qui m'éloigne de vous.

Seigneur Dieu,

donnez-moi tout ce qui me rapproche de vous.

Prenez-moi à moi

et donnez-moi tout à vous.

Les prières d'abandon de Charles de Foucauld et d'Ignace de Loyola sont tout aussi belles et inspirantes. Edith Stein, philosophe et carmélite, Rupert Mayer, jésuite de Munich, et ceux qu'on a appelés les martyrs de Lübeck, tous victimes de la fureur nazie, ont aussi formulé leur prière de confiance et d'abandon à Dieu. Elles sont toutes d'une extraordinaire ferveur.

La confiance est un processus. Elle doit passer par des étapes, des épreuves, des transformations. Loin d'être passive, elle est l'aboutissement d'une libre adhésion ; il reste cependant que l'initiative vient de Dieu. La confiance n'est donc pas statique, ce n'est pas quelque chose que l'on *possède* mais qui doit plutôt être continuellement travaillé et accueilli. La coopération entre Dieu et l'homme n'est nulle part aussi intime. La confiance entière requiert un équilibre subtil entre agir divin et agir humain, équilibre qui n'est possible que dans l'exercice lui-même, un peu comme l'équilibre à bicyclette qui ne peut être atteint qu'en roulant.

L'abandon confiant implique qu'ayant reçu la vie de Dieu on accepte de la remettre entre ses mains. Plus on a eu confiance en Dieu, plus le détachement devient facile. On ne s'attache pas compulsivement aux choses que l'on a acquises. Jésus raconte la parabole du trésor qu'un homme a trouvé dans un champ : « Il est si heureux qu'il va vendre tout ce qu'il possède et revient acheter ce champ. » (Mt 13, 44) Il en est ainsi du Royaume des cieux : on doit tout quitter pour y entrer. Le vieux Siméon, lors de la présentation de Jésus au temple, nous montre jusqu'où peut aller la foi-confiance en Dieu (Lc 2, 25-35). En l'enfant Jésus, il a reconnu le Messie qu'il attendait depuis longtemps. Il a vu le salut dans cet enfant, et il peut désormais « s'en aller en paix ». Le tableau où Rembrandt a immortalisé cette scène m'émeut particulièrement, et j'ai été bouleversé d'apprendre que ce fut son dernier tableau. À sa manière inimitable, et après avoir vécu tous les hauts et les bas d'une carrière bien remplie, il a remis sa vie entre les mains de Dieu.

Ordonner sa vie

7

IGNACE DE LOYOLA définit le but premier de ses *Exercices spirituels* comme étant de « se vaincre soi-même et d'ordonner sa vie sans attachement qui soit désordonné ». Lorsqu'on est âgé, il est naturel que l'on veuille faire le point et mettre un peu d'ordre dans ce qui fut une longue ou peut-être une trop courte vie. Avec le ralentissement des activités, l'affaiblissement des capacités et le déclin de l'ambition (ce qui est à espérer), la possibilité d'introspection et d'exploration de la vie intérieure s'ouvre à nous comme jamais auparavant. On laisse de côté les choses superflues, et en cela l'installation dans un logement plus petit peut représenter une occasion favorable. Ceux qui n'ont pas encore fait de testament doivent s'y mettre, tâche délicate en ce qu'elle remet parfois en question les relations avec les proches, mais aussi parce qu'elle nous rappelle que nous sommes mortels. Voilà une autre bonne occasion d'« ordonner sa vie ». On tend donc de plus en plus vers la simplicité, source d'harmonie. Ernest Hemingway racontait qu'il remaniait sans cesse ses manuscrits pour les polir et supprimer les passages inutiles. Cette façon de simplifier et d'épurer nous a donné en particulier *Le vieil homme et la mer*, pour lequel il reçut le prix Nobel, une œuvre forte et dense.

Bien sûr chacun va réagir à sa façon à la nécessité d'embrasser sa vie du regard, de la « relire » et d'en faire un bilan. Mais c'est pour nous tous une expérience libératrice et vivifiante que de faire place à ce besoin de se réapproprier son existence comme un tout. La question du sens de la vie va se poser de façon nouvelle, peut-être s'intensifier. On essaie de découvrir le fil conducteur de son existence et d'y intégrer le passé. Encore une fois me reviennent les mots de C. G. Jung : « On ne peut changer que ce que l'on accepte. » Les déceptions, les blessures et les expériences traumatisantes remontent à la surface ; c'est alors qu'elles peuvent devenir porteuses d'enseignements. Pour Dieu, rien n'est futile, tout peut mener au bien (Rm 8, 28). Lorsque l'on fait calmement le point, certaines expériences qu'on trouvait négatives se révèlent *a blessing in disguise*, comme on dit en anglais – un bienfait insoupçonné. Un texte du prophète Isaïe peut nous guider dans cette recherche de sens : « N'aie pas peur, je t'ai libéré, je t'ai engagé personnellement, tu m'appartiens. Quand tu traverseras l'eau, je serai avec toi. » (Is 43, 1) S'il en est ainsi, on peut sans crainte faire le bilan de son existence, peut-être même l'écrire et le donner à lire à une personne de l'entourage. On a souvent un grand besoin de raconter sa vie, et c'est une grâce de pouvoir le faire.

Je voudrais, dans les paragraphes qui suivent, approfondir la question du pardon.

Pardonner

Jésus a souvent souligné dans ses enseignements que nous devons nous pardonner les uns aux autres. Lorsqu'il enseigne à ses disciples la façon de prier, il inclut dans le *Notre Père* la demande de pardon et la formule ainsi : « Pardonne-nous nos torts, comme nous pardonnons nous aussi à ceux qui nous ont fait du tort. [...] En effet, si vous pardonnez aux autres le mal qu'ils vous ont fait, votre Père qui est au ciel vous pardonnera aussi. » (Mt 6, 12-14) Lui-même a pardonné aux autres leurs manquements et leurs offenses. Pourtant, avant sa mort sur la croix, Jésus a dit : « Père, pardonne-leur : ils ne savent ce qu'ils font. » (Lc 23, 34) Confiant en la bonté de son Père, c'est au Père qu'il demande de pardonner. L'exemple héroïque de Jésus est pour nous d'une grande portée, car c'est là que réside le sens profond du pardon.

Il peut être difficile de pardonner. On prend conscience à mesure qu'on vieillit du douloureux effort que le pardon peut requérir de nous-mêmes et des autres. Tenter de forcer quelqu'un à pardonner est une contradiction en soi et est tout sauf bénéfique. Il faut beaucoup de patience envers soi-même et envers les autres, ainsi que beaucoup de temps pour laisser mûrir le pardon. Ici on ne peut sauter d'étape. Agir avec précipitation risque fort de mener à une paix précaire. Ce qui ne devrait pas être compris comme une excuse pour ne pas pardonner, mais bien plutôt comme un appel à prendre le pardon au sérieux.

Il existe un besoin criant de pardon. L'agressivité et la violence augmentent continuellement dans nos sociétés. On le constate aussi bien à la télévision que dans la circulation routière, lors de rencontres sportives ou à l'école. Le cours de la violence doit être détourné par le pardon. Le pape Jean-Paul II ne se lassait pas de répéter qu'il n'y aurait pas de paix sans justice, et pas de justice sans pardon. Le jour de Pâques 1960, Dag Hammarskjöld a inscrit dans son journal : « Le pardon casse la chaîne des faits. » Sans pardon, nous restons prisonniers du cercle vicieux de la violence et de l'injustice.

Il m'apparaît nécessaire de démêler certains malentendus fréquents.

Le pardon n'est pas pure naïveté qui embellit tout et enlève tout son sens au mal. Dans ce cas-là, il n'y aurait plus de raison de pardonner et cela ressemblerait à une fuite devant une tâche exigeante.

Le pardon n'est pas la recherche de la paix à tout prix et la négation de l'injustice. Le déni ne peut tenir lieu de solution durable à un problème. Exprimer sa colère peut certes avoir comme conséquence le conflit et l'hostilité. D'un autre côté, ravaler sa colère et la refouler comporte également un lourd prix à payer : cela peut mener à la fatigue et à la dépression. La colère est comme un poison : son expression est toxique, mais son refoulement l'est tout autant. Le pardon fait face au mal et le traite avec courage et lucidité.

Le pardon n'est pas l'oubli. Les injustices dont on a souffert restent ancrées dans notre mémoire, dans notre psyché et se retrouvent même parfois inscrites dans notre corps. Les blessures laissent des cicatrices. Grâce au pardon, nous n'oublions pas mais nous nous souvenons différemment. À partir de ce moment, nous nous souvenons sans rancune et sans amertume, et à cause de cela, nous ne sommes plus enchaînés à ceux qui nous ont fait du mal. Le pardon nous ouvre une voie vers l'avenir, alors que la rancœur nous emprisonne dans un passé douloureux.

Le pardon n'est pas faiblesse de qui n'ose faire face à la réalité, de qui est sans conviction et sans attaches véritables. Bien au contraire, le pardon est courageux et engagé.

Pardon n'est pas synonyme d'impunité. Mais même si le coupable a été puni en cour ou d'une autre manière considérée comme juste, il reste à la victime la tâche de pardonner. Le châtiment juridique se produit « à l'extérieur ». Le pardon advient dans notre cœur.

Le pardon n'est pas la même chose que la réconciliation. Cette dernière implique au moins deux personnes alors que le pardon est possible indépendamment d'un contact avec le coupable. Il y a même des cas où il est souhaitable que seul le pardon soit offert, et non la réconciliation, par exemple après un viol.

Le pardon est difficile, car il est dans notre nature de nous raccrocher à nos blessures et ainsi de justifier notre rancœur. Elle devient notre sombre et précieux trésor. On peut se retirer dans sa bulle d'offensé, s'y installer, cultiver sa rancune et son chagrin. Cela peut devenir une forme de dépendance. À force de maintenir une telle attitude, quelque chose risque de mourir en nous – l'humour, la spontanéité, l'énergie, nos rêves et notre estime de soi. Et cela n'est sûrement pas bon pour la santé. Le vrai pardon nous soulage de ce fardeau. Cela correspond à une des définitions du pardon : « On abandonne une rancune justifiée » et avec elle le désir de vengeance et de représailles.

Le pardon implique une certaine maturation : le renversement d'un état de victime qui n'a aucune prise sur ses sentiments à une compréhension que nous sommes nous-mêmes la source de nos émotions. Donner son pardon est un processus de maturation qui demande du temps pour comprendre que nous ne pouvons exercer de contrôle sur les autres. Le pardon vrai est un véritable défi, un peu comme aller au-delà de soi-même. Si cela ne se produit pas, alors l'épanouissement de notre personnalité, notre vie selon l'Évangile et notre démarche spirituelle s'arrêtent à mi-chemin. On tourne en rond dans des répétitions sans fin, qui deviennent

Il ne faut jamais oublier que tout ce processus est une grâce. Voilà pourquoi la meilleure façon d'apprendre le pardon est peut-être de regarder Jésus en croix, d'écouter ses paroles : « Père pardonne-leur... » et de les répéter, pour qu'il les fasse nôtres.

Être pardonné

S'il est difficile pour nous de pardonner, pour Dieu c'est tout le contraire car il aime pardonner. Le prophète Michée s'émerveille devant le plaisir que prend Dieu à pardonner : « Aucun dieu n'est semblable à toi, Seigneur, [...] car tu prends plaisir à nous manifester ta bonté. » (Mi 7,18-20) Le prophète Sophonie nous l'assure : « Le Seigneur a retiré les condamnations qui pesaient sur toi, [...] son amour te donne une vie nouvelle, [...] il pousse des cris joyeux à ton sujet. » (So 3,15-17) Jésus s'est exprimé encore plus clairement sur la miséricorde. Lorsque les pharisiens et les parfois névrotiques. On porte ses insuccès, ses échecs, ses plans contre-carrés, ses blessures d'amour-propre, sa sensibilité meurtrie comme un poids étouffant. Seul le pardon permet l'émergence de quelque chose de vraiment nouveau dans notre vie. Alors se crée un espace de liberté dans lequel la vie peut reprendre son élan.

Le pardon demande de la force ; mais ne pas l'offrir est un grand gaspillage, et plus précisément une perte d'énergie et de joie de vivre. C'est un bienfait et une rédemption que de pouvoir pardonner. Normalement, pardonner est un processus assez long. Il faut d'abord prendre la décision consciente, vouloir commencer ce processus. Par la suite, il faut de la patience pour parvenir à réellement s'aventurer sur cette voie. Je la compare volontiers à une spirale. On ne peut avancer dans une spirale que par mouvements circulaires, lesquels, à chaque tour, nous font repasser près du point critique. À ce stade, nous sommes confrontés à l'offenseur et devons de nouveau

docteurs de la Loi s'offusquaient qu'il s'entourât de publicains et de pécheurs, Jésus leur répondit en utilisant trois paraboles : celle de la brebis égarée, celle de la drachme perdue et celle de l'enfant prodigue (Lc 15). Toutes les trois véhiculent la même idée : la joie de retrouver ce qui était perdu. Jésus esquisse ainsi une image de son Père. Plus tôt, il maintenait que « personne ne sait qui est le Fils si ce n'est le Père, et personne ne sait qui est le Père si ce n'est le Fils et ceux à qui le Fils veut bien le révéler » (Lc 10, 22). C'est exactement ce qu'il va faire : il va nous révéler son Père. C'est son intention de décrire de manière vivante et saisissante la joie que le Père trouve dans le don du pardon. Notre Dieu est ainsi !

Une phrase de Werner Bergengruen que l'on retrouve dans la nouvelle Le rosier espagnol (Der spanische Rosenstock) m'a aidé à mieux comprendre le sens des trois paraboles tirées de saint Luc au chapitre 15. La phrase va comme suit : « En réalité, c'est dans la fidélité que l'amour est mis à l'épreuve, et dans le pardon qu'il s'accomplit. » Dieu *est* amour. Parce que l'amour trouve son accomplissement dans le pardon, on peut dire que Dieu est totalement divin lorsqu'il offre son pardon. La joie que Dieu trouve dans le pardon nous illumine, justement parce que cela correspond à son essence même. Les noms divins sont nombreux. Un de ces noms, en lien étroit avec celui de *Yahweh*, est « le Fidèle » ; un autre nom tout aussi riche est « le Miséricordieux ». Ces noms nous rappellent que Dieu demeure fidèle malgré nos péchés, que sa grâce est surabondante et que chez lui tout est bonté.

Il n'existe probablement aucune personne qui ne ressente une gêne à l'évocation de certains épisodes de sa vie. La honte et la culpabilité pèsent souvent lourdement sur les gens. La forme que prend la culpabilité est à bien des égards différente de ce qu'elle était antérieurement. Une conscience nouvelle de l'injustice et de la culpabilité s'est développée, moins déterminée par les lois et les commandements que par les exigences de la réalité, le sens de l'équité, le respect de l'environnement. Beaucoup se condamnent trop durement parce qu'ils ne vivent pas selon les valeurs sociales et morales qui sont les leurs. Mais ce que le psaume exprimait autrefois reste toujours valable : « Tous les humains viennent à toi chargés de leurs fautes. Mes torts sont trop lourds pour moi, mais toi, tu peux pardonner nos péchés. » (Ps 65, 3) Chaque individu a besoin du pardon. Et la bonne nouvelle, c'est que Jésus nous ouvre la voie au Père miséricordieux.

Jésus nous dit expressément : « Je ne suis pas venu appeler ceux qui s'estiment justes, mais ceux qui se savent pécheurs. » (Mt 9, 13) Dommage pour les justes ! L'ange expliqua ainsi le nom de Jésus à Joseph : « Il sauvera son peuple de ses péchés. » (Mt 1, 21) Son nom dit qui il est. Quant à Jean-Baptiste, il présente Jésus comme « l'Agneau de Dieu, qui enlève le péché du monde » (Jn 1, 29). De manières diverses, ce qui est promis aux gens qui se sentent honteux et coupables, c'est qu'ils n'ont pas à avoir peur de Jésus. Au contraire, c'est justement pour eux qu'il est venu. Il pardonne les péchés avec compassion et sans humilier. À la femme adultère, il dit : « Je ne te condamne pas non plus. Tu peux t'en aller, mais désormais ne pèche plus. » (Jn 8, 11) Il n'est jamais trop tard. Sa dernière heure venue, Jésus dit au « bon » larron, qui avait blâmé l'autre malfaiteur d'avoir tourné Jésus en dérision : « Aujourd'hui tu seras avec moi dans le paradis. » (Lc 23, 43) La délivrance donnée en Jésus est sans mesure.

Le pardon est quelque chose qui ne dépend pas de notre initiative. C'est un don de Dieu, une impulsion de l'Esprit. Pour plusieurs, ce n'est pas facile à reconnaître. Beaucoup veulent tout faire eux-mêmes. Pourtant, ici, il n'y a rien à *faire*, et beaucoup à recevoir. Dieu accorde le pardon de multiples façons, la plus éminente étant par le sacrement du pardon, ou de la réconciliation, le don du Seigneur ressuscité à son Église (Jn 20, 22 et ss). Plus haut, nous avons souligné que pardonner est un long processus. Se laisser pardonner requiert aussi du temps. Cela peut en effet prendre un certain temps avant que ce miracle soit intériorisé et qu'il atteigne « le sommet de l'âme ». Dans la tradition catholique des derniers siècles, le moment de recueillement qui suit la confession était souvent négligé. On a peut-être trop appuyé sur la préparation au pardon, mais *après* la confession, nous étions prompts à passer à autre chose. La réconciliation avec Dieu est pleinement accomplie lorsque l'on peut soi-même se pardonner, c'est-à-dire lorsque le pardon de Dieu s'est pleinement révélé et nous enveloppe complètement.

On éprouve une double consolation lorsqu'on reçoit le pardon de Dieu. D'abord un soulagement, ce qui est sain et naturel. Mais aussi une joie surnaturelle, plus précisément une participation à la joie avec laquelle

Dieu pardonne. Une partie de cette joie divine déborde en nous, comme le fils prodigue peut sentir la joie de son père lorsque celui-ci l'embrasse affectueusement. C'est une forte consolation pour quiconque a connu le poids de la culpabilité. Dieu nous l'offre, inlassablement.

Dans la tâche d'« ordonner sa vie » qui nous incombe, le pardon est certainement un élément déterminant. La sérénité et la consolation qu'il nous apporte nous permettront de faire avec confiance notre « grand voyage ». Il n'y a pas de meilleure voie pour s'y préparer. Le Seigneur nous accorde une paix que le monde ne peut nous offrir, ni nous ôter.

La mort fait partie de la vie 8

OTRE CULTURE ne conçoit la mort que d'une seule manière : elle la considère comme une défaite. On lit dans les avis de décès que telle personne « est morte d'un arrêt cardiaque » ou « d'un accident vasculaire ». C'est très certainement vrai. Il reste que c'est la défaillance « mécanique » qui, trop fortement, marque notre idée de la mort. Notre civilisation a réalisé d'énormes progrès techniques, en particulier dans le domaine médical. Mais pour ce qui est du reste, de ce qu'elle ne peut pas contrôler, elle a du mal à l'accepter. Au cours des années où j'ai vécu au Peter-Faber-Kolleg de Berlin, j'ai vu mourir plusieurs de mes confrères. Les funérailles n'avaient habituellement lieu que dix jours après le décès à cause de la longue liste d'attente pour le cimetière. Pourtant, chose que je n'ai jamais comprise, les employés du salon funéraire venaient prendre le corps une ou deux heures après le décès. Nous n'avions presque pas le temps de dire un dernier adieu. Je considère cela comme symptomatique de notre société. Une civilisation qui cherche à cacher la mort n'est pas entièrement à la hauteur. La mort, « l'heure suprême », n'est pas seulement l'interruption brutale de la vie, c'est aussi et surtout notre ultime accomplissement. On ne le sait pas assez.

Etty Hillesum était d'origine juive et a vécu à Amsterdam durant la Seconde Guerre mondiale. Elle y a subi l'occupation allemande, a été déportée au camp de Westerbork puis à Auschwitz où elle mourut à l'âge de 28 ans. Le 3 juillet 1942, elle écrivait dans son journal :

Notre fin, notre fin probablement lamentable, qui se dessine d'ores et déjà dans les petites choses de la vie courante, je l'ai regardée en face et lui ai fait une place dans mon sentiment de la vie, sans qu'il s'en trouve amoindri pour autant. Je ne suis ni amère ni révoltée, j'ai triomphé de mon abattement, et j'ignore la résignation. [...] L'éventualité de la mort est intégrée à ma vie ; regarder la mort en face et l'accepter comme partie intégrante de la vie, c'est élargir cette vie. À l'inverse, sacrifier dès maintenant à la mort un morceau de cette vie, par peur de la mort et refus de l'accepter, c'est le meilleur moyen de ne garder qu'un pauvre petit bout de vie mutilée, méritant à peine le nom de vie. Cela semble un paradoxe : en excluant la mort de la vie on se prive d'une vie complète, et en l'y accueillant on élargit et on enrichit sa vie. C'est ma première confrontation avec la mort. À son égard je suis d'une virginité totale. [...] Je me suis souvent demandé : quelle est ma position face à la mort ? Mais je n'y ai jamais réfléchi sérieusement, le temps ne pressait pas. Et maintenant la mort est là en vraie grandeur, s'imposant pour la première fois et pourtant vieille connaissance, indissociable de la vie et qu'il faut accepter. C'est si simple. Pas besoin de considérations profondes. La mort est là tout d'un coup, grande et simple et naturelle, entrée dans ma vie sans un bruit. Elle y a désormais sa place et je la sais indissociable de la vie[6].

On meurt souvent – mais pas toujours – comme on a vécu. Une fois encore cela souligne que la mort est partie intégrante de la vie. Un jésuite très âgé confiait à un confrère que le sens de sa vie était désormais d'attendre Dieu, « comme une biche soupire après l'eau du ruisseau » (Ps 42). Il désirait vivement connaître « l'apparence » de Dieu, à qui il avait consacré sa vie et qu'il allait bientôt retrouver. Il priait de pouvoir mourir dans son sommeil, mais en ajoutant toujours humblement : « non pas ma volonté, mais la tienne ». La vie nous donne de nombreuses petites occasions de répétition pour nous préparer à la mort. Celle-ci n'arrive donc pas à l'improviste. On peut prier comme le faisait le bon larron : « Jésus, souviens-toi de moi quand tu viendras pour être roi. » (Lc 23, 42)

Dans la célébration de l'Eucharistie, anticipation du banquet du Royaume, nous prions ensemble : « … jusqu'à ta venue dans la gloire ». On peut aussi considérer ces paroles de façon plus intime et les appliquer à la venue du Christ à l'heure de notre mort. Car le règne de Dieu, réalité à venir, est déjà à l'œuvre d'une manière mystérieuse. Et dans la relation d'amour entre Dieu et les hommes, le désir le plus ardent est du côté de Dieu. Comme la bien-aimée dans le Cantique des Cantiques : « Je suis à mon bien-aimé et c'est moi qu'il désire. » (Ct 7, 11) Cela vaut pour chacun d'entre nous et donne sens à notre vie.

Dans le livre du prophète Osée, Dieu parle au peuple d'Israël comme à sa bien-aimée : « Je vais donc la reconquérir [...] et je retrouverai sa confiance. » (Os 2, 16) À la lumière du Nouveau Testament, ces paroles peuvent s'appliquer à chacun de nous. C'est une image réjouissante qui exprime une réalité qui l'est tout autant : Dieu veut notre affection et notre attachement confiant. Le désir de Dieu pour nous est le sens profond et la source de notre existence. Mère Teresa de Calcutta, la « petite » Thérèse de Lisieux et la « grande » Thérèse d'Avila ont toutes trois interprété les mots de Jésus en croix – « j'ai soif » – dans ce sens : Jésus a soif de notre amour. Dans ces mots, ces trois grandes femmes ont trouvé une intense motivation pour s'engager complètement et se donner à lui, chacune à sa manière. Elles ont rencontré un Dieu plein d'amour qui nous libère de nos peurs. Dieu ne veut pas *quelque chose* de nous mais *nous* veut, passionnément.

Bien sûr, l'idée et l'image que l'on se fait de Dieu joue un grand rôle quand notre vie avance vers la mort. Celui qui conçoit Dieu comme un juge sévère qui, après notre mort, jugera rigoureusement toute notre existence, appréhende la mort et sa rencontre avec Dieu. Malheureusement, de nombreux chrétiens pensent encore comme cela. Certains passages de la Bible pourraient inciter à se faire une telle image de Dieu. Mais le message central de la Bible, et en particulier l'enseignement de Jésus sur son Père, porte sur la fidélité de Dieu. « Je t'aime depuis toujours, c'est pourquoi je te reste profondément attaché. » (Jr 31, 3) Saint Jean résume simplement : « Dieu est Amour. » (1 Jn 4, 8.16) Cet amour durera éternellement. Aux sadducéens qui mettaient cela en doute, Jésus dit : « Vous êtes complètement dans l'erreur. » (Mc 12, 27) Ainsi peut-on se tromper du tout au tout sur Dieu. Son amour est éternel et continue au-delà de la mort, où nous serons accueillis auprès de lui.

Nous ne pourrons cependant parvenir à cet état de béatitude sans faire face à notre vie clairement à la lumière d'un tel amour. La rencontre avec Dieu nous fera porter un regard douloureux sur les choix fautifs et les manquements de notre existence. Cette expérience de vérité et le besoin concomitant de purification, c'est peut-être cela que la tradition nomme le purgatoire. Mais au milieu de tout cela, Dieu dont l'amour est infini demeurera intensément présent.

Que la mort soit indissociable de la vie a aussi des conséquences pratiques. Lors de leur dernière congrégation générale, les Jésuites se sont défini de nouvelles tâches, plus contemporaines, auxquelles, au temps de leur fondation, personne n'avait songé. Aujourd'hui elles font partie de nos responsabilités dans la foi. Ainsi, à propos de la manière de vivre la maladie, la vieillesse et la mort, il est dit dans les *Constitutions*:

> Compte tenu des progrès actuels de la médecine et, tout particulièrement, de la possibilité, d'une part de prolonger la vie humaine au-delà de limites naturelles normales, et d'autre part d'aider les autres, en des circonstances données, par le don d'organes du corps, chacun verra – conformément aux lois de son pays – ce qu'il pense en conscience être une meilleure expression, éclairée par la foi dans le Christ Jésus, de sa dignité personnelle et de sa solidarité envers les autres au moment de son passage de la vie terrestre à la vie éternelle dans le Seigneur[7].

Un jour, Karl Rahner m'a donné une petite photo de sa mère un peu avant sa mort le 27 juillet 1976, à l'âge de 101 ans. Sur la photo, on voit une dame âgée mais encore vigoureuse, avec un regard clair et affectueux. Au dos se trouvait une prière de Pierre Teilhard de Chardin qu'elle portait toujours avec elle dans les dernières années de sa vie. Les enfants Rahner ont ajouté sous celle-ci : « Prière pour avoir une bonne mort, écrite de la main de notre mère. » C'est par cette prière que je voudrais conclure ce chapitre sur la mort :

Après vous avoir aperçu comme Celui qui est un « plus moi-même », faites, mon heure étant venue, que je vous reconnaisse sous les espèces de chaque puissance, étrangère ou ennemie, qui semblera vouloir me détruire ou me supplanter. Lorsque sur mon corps (et bien plus sur mon esprit) commencera à marquer l'usure de l'âge ; quand fondra sur moi, du dehors, où naîtra en moi, du dedans, le mal qui amoindrit ou emporte ; à la minute douloureuse où je prendrai tout à coup conscience que je suis malade ou que je deviens vieux ; à ce moment dernier, surtout, où je sentirai que je m'échappe à moi-même, absolument passif aux mains des grandes forces inconnues qui m'ont formé ; à toutes ces heures sombres, donnez-moi, mon Dieu, de comprendre que c'est Vous (pourvu que ma foi soit assez grande) qui écartez douloureusement les fibres de mon être pour pénétrer jusqu'aux moelles de ma substance, pour m'emporter en Vous[8].

La solitude 9

A SOLITUDE est pour de nombreuses personnes âgées une expérience douloureuse. Elles ont du mal à l'accepter, surtout si l'un des partenaires est décédé ou est allé en centre d'accueil. Elles auront tendance à penser que plus personne n'a besoin d'elles, que plus personne ne se soucie d'elles. Le sentiment d'isolement, difficile à surmonter, peut devenir un fardeau quotidien. Les pauvres et les petits, auxquels Jésus fait souvent référence, sont aujourd'hui particulièrement représentés chez les personnes âgées.

J'aimerais pourtant dire, sans vouloir minimiser la souffrance qu'elle peut engendrer, que la solitude n'a pas que des mauvais côtés. Celui qui sait bien combler sa solitude peut la concevoir comme un bienfait ; par contre celui qui n'y réussit pas en souffrira. C'est une erreur de combattre la solitude par tous les moyens possibles, comme cela en est une de s'en plaindre à outrance. Il faut avant tout affronter sa solitude, y faire face franchement. Même lorsque cela est difficile et douloureux, la solitude peut devenir féconde et bienfaisante. Mais uniquement dans la mesure où on l'accepte. Elle peut devenir une invitation à aller au-delà de certaines frontières et à découvrir en nous des trésors inconnus. Elle peut nous révéler un vide intérieur, qui devient destructeur lorsqu'on le refuse, mais qui nous permet aussi d'approfondir une union pleine de grâce avec Dieu. Chaque chrétien est un temple de l'Esprit saint, une demeure de la Trinité divine. Aucun être humain ne peut satisfaire pleinement toutes nos attentes : il restera toujours un vide, une distance insurmontable. Cela fait partie de l'expérience humaine et seul celui qui l'accepte peut trouver la paix. Celui qui refuse la solitude sera toujours insatisfait. Quelquefois, le problème n'est pas la solitude, mais bien plutôt l'incapacité d'y donner un contenu et un sens.

Dans la succession d'un confrère qui venait de décéder, son supérieur a trouvé la citation suivante du poète et graphiste allemand Gotthard de Beauclair (1907-1992) :

> La lumière inonde le milieu du jour.
> Dans l'obscurité naissent les étoiles.
> Tout est silence.
> Tu es seul, mais tu n'es pas esseulé.

Lorsqu'on parle de solitude, il faut se garder de trop généraliser, pour éviter que les personnes qui en souffrent en arrivent à penser qu'elles n'ont pas le droit de se plaindre et qu'elles doivent accepter cette souffrance. Sans aucun doute il existe un type destructeur de solitude, surtout quand elle survient brutalement, à laquelle on ne peut remédier par la seule force de sa volonté. Autrement dit, il existe réellement une solitude qui requiert de l'aide et de l'attention afin d'éviter qu'elle ne provoque une baisse du tonus vital. Chacun doit pouvoir déterminer (au besoin à l'aide d'autres personnes) si sa solitude ne l'affecte pas d'une manière négative.

On doit d'abord essayer d'utiliser la solitude et dans la mesure du possible de la rendre féconde. Il faudra découvrir quelles sont les ressources que nous possédons personnellement, par nature et par tempérament, et qui nous permettront de vivre la solitude de façon positive. En même temps, il faut évaluer correctement le niveau de contacts dont on a besoin, et faire en sorte de les maintenir et de les soigner, voire d'en nouer de nouveaux. Lorsque c'est possible, il est recommandé de prendre soi-même les choses en main et de ne pas demeurer passif.

Ce serait certainement faire fausse route que de chercher dans l'alcool, les drogues ou les médicaments la solution aux problèmes posés par la solitude. De même, il serait malsain de se lancer inconsidérément dans toutes sortes d'activités dans le seul but d'oublier sa solitude. La vieillesse, ne l'oublions pas, devrait être une période paisible.

Dans la vieillesse, comme dans la vie en général, notre principal objectif devrait être de faire confiance et d'aimer davantage. Dieu est le premier objet de notre amour et de notre confiance, mais Dieu se donne à voir à travers notre prochain. Pour réaliser cela, même à un âge avancé, on dispose de ressources inépuisables. La meilleure façon de combattre sa solitude est de nouer des contacts avec d'autres personnes seules. C'est une manière merveilleuse de repousser la solitude par l'amour. Peut-être peut-on aussi former un groupe qui se réunit de temps à autre, ou qui reste en contact autrement. Dans certaines paroisses, des bénévoles rendent régulièrement visite à des gens seuls. Ainsi de bienfaisantes relations peuvent-elles s'établir, surtout si les participants n'ont pas de mobiles détournés et que ces rencontres se font dans un esprit de respect mutuel.

Cela me permet de dire quelques mots au sujet de l'environnement et de l'entourage des gens qui vieillissent. Il me semble que, pour tous les aidants, la condition préalable est qu'ils aient accepté leur propre vieillissement, même si celui-ci est encore lointain. Le contact avec les aînés constitue en quelque sorte une confrontation inconsciente avec notre propre vieillesse. Celui qui aujourd'hui n'accepte pas le dépérissement futur de ses forces et de ses facultés transférera d'une manière ou d'une autre ce refus sur les gens âgés. Lorsqu'on y regarde de plus près, certains problèmes liés au vieillissement se révèlent un questionnement pour tous.

Saint Ignace était profondément convaincu de la dignité de chaque être humain. C'est pourquoi il avait le plus grand respect pour chacun. Dans son *Journal spirituel*, il mentionne souvent qu'il prie pour avoir « l'humilité, la révérence et le respect ». Il écrit notamment que ces sentiments ne devraient « pas être craintifs, mais amoureux ». « Et cela s'affermissait tellement dans mon âme, que je ne pouvais que répéter : Donne-moi l'humilité amoureuse, et fais de même pour la révérence et le respect[9]. » Cette humilité amoureuse s'adresse avant tout à Dieu, mais aussi à tous les êtres humains parce qu'il croyait que Dieu demeurait en eux. C'était une des nombreuses façons dont saint Ignace trouvait « Dieu dans tout ». Cette présence de Dieu en toutes choses l'a imprégné toute sa vie durant et s'est avant tout reflétée dans sa manière d'agir avec son prochain. Les personnes âgées et plus fragiles méritent tout spécialement un tel respect, humble et affectueux.

Voici ce qu'une dame m'a écrit après la mort de son frère à l'âge de 53 ans, des suites d'un long combat contre le cancer : « Bien que la mort de notre frère nous soit incompréhensible, nous sommes très conscients que d'avoir accompagné quelqu'un au cours d'une longue maladie et jusqu'à la mort est un privilège, une expérience extrêmement émouvante qui a changé notre vie. » Plusieurs ont éprouvé cela. Ce sont des expériences inexplicables dont le caractère mystérieux nous marque profondément.

Les établissements de soins palliatifs ont développé dans les dernières décennies de nouvelles formes d'accompagnement des personnes gravement malades. Au centre de leurs préoccupations se trouve le respect des malades et de leurs besoins. Ce mouvement tente d'appliquer « une médecine faite de soins aux personnes gravement atteintes dont on ne tente plus de prolonger la vie par des appareils médicaux ou en faisant appel à des moyens démesurés pour empêcher la mort ». Il s'agit bien plus de mettre en œuvre des soins palliatifs qui tentent d'alléger les souffrances de ces patients, ce type d'encadrement correspondant finalement beaucoup plus à leurs besoins. À ce moment précis de la vie, une aide psychologique et une assistance spirituelle, ainsi que l'accompagnement d'un proche, sont souvent d'un plus grand secours que de se soumettre à une série de chimiothérapies ou à une opération ayant peu de chances de succès. De telles unités de soins palliatifs qui existent dans certains hôpitaux peuvent également offrir des soins ambulatoires, avec le soutien des parents qui s'occupent de certains soins, ou bien encore les proposer sous d'autres formes mixtes. L'expérience des centres de soins palliatifs a démontré que « la peur de mourir, l'angoisse ou les tourments reliés à des conflits non résolus sont encore plus difficiles à supporter pour une personne mourante que les douleurs physiques[10] ». La qualité de vie n'est pas déterminée avant tout par la médecine, mais bien plutôt par l'environnement familial, social et religieux.

Une médecin hollandaise m'a raconté l'histoire d'un couple âgé, sans enfants, dont le mari était gravement malade. Elle en vint rapidement à la conclusion qu'il n'y avait pas de réelles possibilités de guérison. Avec précaution et un grand calme, elle en informa le patient et lui promit en même temps de faire tout ce qui était en son pouvoir pour limiter et alléger ses souffrances. Dans les semaines qui suivirent, le malade et son épouse avaient remarqué qu'ils se disputaient plus souvent, bien qu'ils aient voulu l'éviter. Et surtout ils étaient surpris par l'ampleur que prenaient ces disputes. La médecin les visita régulièrement à la maison et elle remarqua la tension inhabituelle qui régnait dans ce couple. Elle s'en étonna et réfléchit à ce qu'elle pouvait faire pour eux. Le couple n'était pas croyant, la médecin était par contre une catholique qui vivait sa foi. Elle pensait aussi qu'elle se devait d'inclure ses patients gravement malades dans ses prières et allait quelquefois jusqu'à allumer le grand cierge de Pâques devant la statue de la Vierge dans son appartement. Lors de sa visite suivante, elle raconta ouvertement au patient ainsi qu'à son épouse qu'elle les avait inclus dans ses prières. Elle voulait leur faire comprendre qu'elle ne se limitait pas à ses devoirs médicaux, mais qu'elle se faisait aussi du souci pour eux et pensait à eux dans ses prières. Cette nouvelle changea le comportement du couple et leur apporta le calme et la paix. Ils se sentirent touchés par cette marque de respect et de foi de la part de la médecin et y trouvèrent une force qui leur permit d'aller jusqu'au bout, même si les nombreux repères de sécurité qui les soutenaient jusque-là avaient disparu.

Chez les patients catholiques, une célébration de la communion peut être un bienfait pour le malade. Quand c'est possible, il est souhaitable de célébrer la communion sous sa « grande forme » : d'abord un court mot de bienvenue, puis l'ouverture liturgique (adoration de l'Eucharistie, chant, introduction, reconnaissance des fautes, demande de pardon), une messe (avec peut-être l'évangile du dimanche, un court sermon et une prière d'intercession), la communion (*Notre Père*, invitation à la communion et la communion elle-même), un chant parlé tiré d'une louange à Dieu, et enfin la clôture (prière de bénédiction et *Je vous salue Marie*). Tout cela peut prendre une demi-heure ; mais c'est du temps bien « utilisé ». Pour les aidants à la communion, c'est un vaste territoire à découvrir. Bien sûr, il est très important de ne pas obliger un malade à communier, mais chacun est libre de l'accepter.

Vieillir est tout un processus. L'environnement, qui englobe tous les domaines de la vie, y joue un rôle important – l'assistance et les soins, la physiothérapie et l'activité créatrice, l'affection et la sympathie, mais aussi le soutien spirituel… Si ce petit livre a tenté de mettre l'accent sur le processus spirituel du vieillissement, il faut aussi souligner l'importance de ceux qui accompagnent les aînés sur ce chemin. Dieu nous a confié les uns aux autres, et dans la dernière phase de notre vie, cet attachement s'avère d'autant plus nécessaire. Saint Paul dit que nous ne formons qu'un seul corps, et que Dieu a disposé ce corps de manière à ce que tous ses membres se témoignent une mutuelle sollicitude (1 Co 12, 12 et ss). De cette façon, en passant par nous, Dieu cherche à tout mener vers le bien.

Annexes

Rester jeune

Personne ne devient vieux pour la seule raison qu'il avance en âge. L'on devient vieux lorsque que l'on renonce à ses idéaux. En vieillissant, notre peau se ride ; mais quand nous perdons notre élan vital, c'est notre âme qui se ratatine. L'inquiétude, le doute, la méfiance, la peur, le chagrin nous rongent au fil du temps, nous font plier l'échine, nous dessèchent le cœur.

Vous serez jeune ou vieux selon que vous vous laisserez porter par la foi en l'avenir et par l'espérance ou que vous sombrerez dans la tristesse et l'abattement. Aussi longtemps que vous serez accessible à la bonté et à la joie, tant que vous serez imprégné de la beauté et de la grandeur de l'univers infini, vous resterez jeune. Dès lors que le pessimisme, l'amertume et le cynisme vous submergeront et glaceront votre cœur, alors seulement vous serez vieux.

ALBERT SCHWEITZER

Prière d'une nonne anglaise du XVIIᵉ siècle

Seigneur, tu le sais mieux que moi, un jour je serai vieille parce que je vieillis. Corrige-moi de cette vieille habitude que j'ai de mettre mon grain de sel partout et à propos de tout. Aide-moi à réprimer mon penchant à vouloir arranger les affaires de tout le monde. Enseigne-moi à être réfléchie sans être renfrognée ; serviable sans jouer les mères supérieures. Toute cette sagesse que j'ai accumulée, ce serait dommage que les autres n'en profitent pas, mais tu comprends, Seigneur, qu'il m'importe davantage de garder quelques amis jusqu'à la fin.

Épargne-moi de me perdre dans les détails ; accorde-moi d'aller à l'essentiel. Que je garde pour moi mes peines et mes malheurs. Ils s'additionnent, et la manie de les ressasser grandit avec les années. Je n'ose te demander la grâce d'écouter de bon cœur les lamentations et les récriminations de tout un chacun, mais si au moins je pouvais les supporter patiemment. Je ne te demande pas non plus une mémoire sans faille, mais plus d'humilité et moins de certitude lorsque mes souvenirs contrediront ceux des autres. Apprends-moi enfin cette grande leçon : il n'est pas exclu que je puisse être dans l'erreur.

Donne-moi d'être suffisamment aimable ; je ne veux pas être une sainte – les saints sont parfois assommants – mais préserve-moi de l'amertume, créature du démon s'il en est. Donne-moi de voir du beau là où je ne m'y attendrais pas et du bon chez qui je ne m'y attendrais pas, et fais, Seigneur, que j'en sois reconnaissante. Amen

ANONYME

Les béatitudes de la vieillesse

Heureux ceux qui ont le courage de ne rien entreprendre.
Ils nous montrent une autre façon de vivre les uns avec les autres.

Heureux ceux qui n'attendent plus rien mais continuent néanmoins de sourire.
La bonté de Dieu rayonne par eux.

Heureux ceux qui savent écouter en se gardant des vieilles rengaines.
Ils nous aident à relativiser.

Heureux ceux qui acceptent leur impuissance sans se révolter.
Ils calment nos cœurs agités.

Heureux ceux qui accueillent sans amertume leur solitude.
Ils se confient à Dieu.

Heureux ceux qui sont confiants.
Ils nous donnent l'élan et le courage de vivre jour après jour.

Heureux ceux dont les forces déclinent mais qui savent
compatir à la détresse d'autrui.
Leur générosité est agréable à Dieu.

Heureux ceux dont les jours sont paisibles et tranquilles.
Ils nous ménagent des havres de paix.

Heureux ceux qui savent se taire sans perdre la parole.

Leur voix nous donne confiance et espoir.

Heureux ceux qui viennent les mains vides et nous ouvrent grand leurs bras.

Ils nous apprennent la simplicité et le détachement.

Heureux ceux qui savent s'oublier pour penser aux autres.

Que serait notre vie sans eux ?

SŒUR BEATRIX KOLCK OSB,

abbesse de l'abbaye de Sainte-Croix de Herstelle de 1966 à 1994.

Desiderata

Reste calme au milieu du bruit et de l'impatience

et souviens-toi de la paix qui découle du silence.

Autant que tu le peux, mais sans te renier, sois en bons termes avec tout le monde. Dis ce que tu penses, clairement, simplement ; et écoute les autres, même les sots et les ignorants ; eux aussi ont quelque chose à dire.

Évite les gens grossiers et violents car ils ne sont que tourments pour l'esprit. Si tu te compares aux autres, tu risques de devenir vaniteux ou amer, vu qu'il y aura toujours quelqu'un de plus grand ou de plus petit que toi.

Sois fier de ce que tu as fait et de ce que tu veux faire. Aime ton métier, même s'il est humble ; c'est un bien précieux en notre époque troublée. Sois prudent dans tes affaires, car on pourrait te jouer de vilains tours. Mais que ceci ne te rende pas aveugle à ce qu'il y a de beau ; bien des gens luttent pour un idéal et, partout sur la Terre, on fait preuve de courage.

Sois toi-même, surtout dans tes affections. Fuis par-dessus tout le cynisme en amour, car il persiste même après avoir desséché ton cœur et désenchanté ton âme.

Permets-toi de t'enrichir de l'expérience des ans, te défaisant progressivement de tes puérilités. Affermis-toi pour faire face aux malheurs de la vie. Mais ne te détruis pas par une imagination maladive ; bien des peurs prennent naissance dans la fatigue et la solitude. Malgré la saine discipline qui s'impose, sois bon envers toi-même.

Tu es un enfant de l'univers, tout comme les arbres et les étoiles : tu as le droit d'être ici. Et même si cela n'est pas clair en toi, sois assuré que tout se passe dans l'univers selon ses règles propres. Par conséquent, sois en paix avec ton Dieu, quelle que soit en toi son image. Et par-delà tes peines et tes aspirations, au milieu de la confusion de la vie, sois en paix avec ton âme.

Dis-toi qu'en dépit de ses faussetés, de ses ingratitudes, de ses rêves brisés, le monde est tout de même merveilleux. Répands la bonne humeur. Et tâche d'être heureux.

« DESIDERATA » DE MAX EHRMANN (1927),
d'après une traduction de Hubert Claes

Notes

1. Herman Hesse, *Éloge de la vieillesse*, traduit de l'allemand par Alexandra Cade, Calmann-Lévy, 2000.

2. Alfred Delp, *Ses Œuvres complètes*, éditées par Roman Bleistein, Volume IV, Frankfurt am Main, 1984, page 26.

3. Extrait d'une lettre écrite à Jérôme Viñes en janvier 1556, six mois avant la mort d'Ignace de Loyola.

4. Tiré de « Der Neue Mensch » (Le nouvel Homme), du journal *Frankfurter Allgemeine Zeitung* du 27 octobre 2002, page 10.

5. Stepahn Ch. Kessler SJ, tiré de « An unsere Freunde » (À nos amis), Décembre 2002, page 13.

6. Tiré de « Das denkende Herz » (Le cœur qui pense), *les journaux de Etty Hillesum*, Hambourg, 1985, page 125 et ss.

7. Normes complémentaires aux statuts de la Compagnie de Jésus, Munich 1997 (Ms), Numéro 224, chapitre 4.

8. Pierre Teilhard de Chardin, *Sur la souffrance*, Paris, Éditions du Seuil, 1974, page 69.

9. Note du 30 mars 1544, tiré des textes fondateurs (cf. Note 6), page 402.

10. Johannes Rotter, *À nos amis*, Octobre 2002, page 4.

Les citations d'Ignace de Loyola sont tirées de *Écrits*, traduction et présentation sous la direction de Maurice Giuliani, Paris/Montréal, Desclée de Brouwer/Bellarmin, coll. « Christus » n° 76, 1991.

Table des matières

8   Préface de l'édition française

10   Préface

13   1. L'appel de la vie résonne sans fin

25   2. Grandir à chaque étape

39   3. Notre contribution à la société

51   4. Un temps propice à la gratitude

61   5. « Un îlot de calme entouré de silence »

73   6. L'abandon confiant

85   7. Ordonner sa vie

103   8. La mort fait partie de la vie

113   9. La solitude

126   Annexes

MEMBRE DU GROUPE SCABRINI

Québec, Canada
2006